KB039091

4·16구술증언록 단원고 2학년 3반 제13권

그날을 말하다

시연 엄마 윤경희

4·16구술증언록 단원고 2학년 3반 제13권

그날을 말하다

시연 엄마 윤경희

4·16기억저장소 기획 편집
(사) 4·16세월호참사가족협의회 지원 협조

　4·16기억저장소에서는 세월호 참사 5주기를 맞아 구술증언 수집 사업의 결과물 일부를 100권의 책으로 발간하게 되었습니다. 이 사업은 2015년 6월부터 다양한 학문 분야 구술 연구자들의 자발적인 참여로 진행되어 왔으며, 세월호 참사를 좀 더 정확하고 다각적으로 기록하고 기억하고자 하는 노력의 일환으로 수행되었습니다.

　2014년 참사 발생 이후, 참사 피해자들의 목격담과 경험은 안타깝게도 공식적인 국가기관과 언론의 기록 속에서 철저히 소외되거나 왜곡되었습니다. 그것은 세월호 참사가 우리에게 안긴 죽음과 고통의 충격만큼이나 우리 사회의 끔찍한 비극이었습니다. 따라서 사업을 진행하면서 세월호 참사 희생자 가족, 생존자, 생존자 가족, 어민, 잠수사, 활동가, 기자 등등, 참사의 초기 과정을 직접 경험한 분들의 증언을 우선적으로 수집했습니다. 구술자는 이 사업의 취지와 방식에 개인적으로 동의한 분 중에서 선정했으며, 참여 과정에 어떠한 금전적 보상이나 이익이 제공되지 않았습니다. 또한 구술증언 수집 사업을 진행하는 동안, 면담자는 연구자이자 참사를 겪은 공동체 시민으로서 최대한 윤리적이고자 노력했습니다.

구술자마다 매회 약 2시간씩 3회를 원칙으로 음성 녹취와 영상 촬영을 하는 방식으로 진행되었고, 증언의 일관성을 확보하기 위해 면담자는 큰 틀에서 공통 질문지를 사용했습니다. 공통 질문지의 내용은 참사와 구술자 간의 관계성에 따라 차이가 있지만, 유가족 구술의 경우 1회차 '참사 이전의 삶, 팽목항과 진도에서의 경험, 자녀에 대한 기억'을, 2회차 '참사 이후 투쟁과 공동체 활동 경험'을, 3회차 '참사 이후 개인 및 가족이 경험한 삶의 변화와 깨달음, 자녀의 현재적 의미'를 중심으로 했습니다. 이처럼 증언 내용은 참사 이전에서 시작해 참사 발생 당시의 경험과 이후의 변화 과정까지 폭넓게 수집했고, 면담자는 구술 채록 과정에서 구술자의 발화를 최대한 존중하고자 했으며, 무엇보다 각자의 특수한 경험과 다른 시각을 충실히 반영하고자 했습니다.

이 구술증언록의 발간을 위해, 채록된 음성 자료는 문서로 변환해 구술자와 함께 검토했고, 현재 시점에서 공개할 수 있는 영역과 할 수 없는 영역으로 구별했습니다. 따라서 책에 실린 내용은 모두 구술자로부터 공개를 허락받은 부분입니다. 비공개 영역은 추후 구술자의 동의를 받아 적절한 절차를 거쳐 추가로 공개될 수 있으리라 생각합니다.

이 구술증언록 100권에는 그동안 우리 사회에 왜곡되어 알려지거나 잘 알려지지 않았던, 참사 발생 직후 팽목항과 진도 혹은 바다에서의 초기 상황에 관한 중요한 증언이 포함되어 있습니다. 또한, 자녀를 잃는 잔인하고 애통한 상황을 겪으면서도 그 누구보다 강인한 정치적 주체로 성장할 수밖에 없었던 유가족의 마음과 경험을 구체적으로, 그리고 여러 각도에서 살펴볼 수 있습니다. 그 외에도, 이 구술증언록은 2014년을 전후한 한국 사회의 여러 측면을 드러내는 귀중한 자료가 되리라고 생각합니다. 무엇보다 국내외의 많은 분이 이 책을 읽어, 장차 세월호 참사의 진상 규명과 역사 서술에 기여할 수 있기를 바랍니다.

구술증언 수집 사업이 진행되고, 책으로 출간되기까지 많은 분의 도움과 지지가 있었습니다. 이 지면을 빌려 부족하나마 감사의 말씀을 전하고자 합니다.

먼저 (사)4·16세월호참사가족협의회와 4·16기억저장소에 감사를 드립니다. 이분들의 신뢰와 적극적인 협조가 없었다면, 이 사업은 처음부터 시작할 수조차 없었을 것입니다. 또한 어려운 정치 환경 속에서도 사업의 취지에 공감해 재정 지원을 결정해 준 아름다운가게와 역사문제연구소에 감사드립니다. 두 단체 덕분에, 이 사업을 4년 동안 계속해 올 수 있었습니다. 그리고 구술증언록 100권의 발간에 동의하고, 바쁜 일정에도 출판 실무를 기꺼이 맡아주신 한울엠플러스(주)에도 감사를 드립니다. 이 외에도 많은 개인과 단체가 직간접적으로 많은 도움을 주시고 격려해 주셨습니다. 여기에 모두 밝히지 못하는 것을 죄송하게 생각합니다.

　말할 필요도 없이, 가장 크고 또 가슴 아픈 감사는 구술자 한 분한 분께 드리고자 합니다. 이 책이 발간될 수 있었던 것은, 무엇보다 용기를 내어 아픔과 고통의 기억을 다시 떠올리고 장시간 진심으로 이야기를 해주신 구술자가 있었기 때문입니다. 오랜 시간 이야기를 나누며 함께 공감하기도 했지만, 그 아픔과 고통을 어떻게 가늠할 수 있을까 싶습니다. 더 큰 도움이 되지 못함을 안타까워하며, 이 구술증언록 100권의 발간이 피해자분들에게 조금이라도 위로가 될 수 있기를 기원합니다.

2019년 4월
4·16기억저장소 구술팀 책임자
서울대학교 인류학과 교수 이현정

차례

■ 2회차 ■

시연 엄마 윤경희

구술자 윤경희는 단원고 2학년 3반 고 김시연의 엄마다. 교회에서도 학교에서도 무엇이든 활달하고 적극적이었던 큰딸 시연이는 엄마에게 삶의 전부와 같은 존재였다. 엄마는 집에 도착하면 하루 동안 있었던 이야기를 서로 말하려고 떠들썩했던 그 시절이 지금도 사무치게 그립다. 현재 가족협의회 대외협력부서장을 맡고 있는 엄마는 다시 유가족들의 힘을 모아 참사의 진상을 밝히는 그날까지 투쟁을 멈추지 않으리라 다짐한다.

윤경희의 구술 면담은 2020년 3월 28일, 29일, 2회에 걸쳐 총 5시간 10분 동안 진행되었다. 면담자는 이현정, 촬영자는 강재성이었다.

구술자 본인의 프라이버시나 제3자의 프라이버시를 보호해야 할 부분을 제외하고는 구술자의 발화를 있는 그대로 전사했다.

1회차

2020년 3월 28일

시작 인사말

면담자　　　본 구술증언은 4·16 사건에 대한 참여자들의 경험과 기억을 기록으로 남김으로써 이후 진상 규명 및 역사 기술에 기여하고자 합니다. 지금부터 윤경희 씨의 증언을 시작하겠습니다. 오늘은 2020년 3월 28일이며, 장소는 안산시 단원구 4·16가족협의회 회의실입니다. 면담자는 이현정이며, 촬영자는 강재성입니다.

구술증언 참여 동기 및 근황

면담자　　　구술증언에 참여해 주셔서 감사드리고요. 먼저 구술증언에 참여하기로 결정하시게 된 계기에 대해서 좀 여쭐게요. 어떻게 해서, '이것을 그래도 해야겠다'라고 생각을 하게 되셨는지요?

시연 엄마　　　제가 이걸 하겠다는 취지가 저희가, 점점 시간은 흐르고 있고 저희의 기억이 언제까지 이 머릿속에 남아 있을지 모르잖아요, 있을지. 그래서 내가 지금 또렷이 기억하고 있을 때 이걸 다 기억, 기록으로 남기는 것도, 그게 필요하다는 생각이 들었어요. 이렇게 해 본 적이 한 번도 없기 때문에, 그래서 그냥 하겠다고 연락드렸었던 거 같아요.

면담자　　　그러면 이 기록이 어떠한 목적으로 사용되기를 원하시는지요?

시연 엄마　　　글쎄요. 그것까지는 아직 생각을 해보지 못했지만 이 피해자들의 그 현장에서의 생생했던 기록, 기억, 이런 걸 기록하는 거에 있어서는 저는 굉장히 필요하다고 보거든요, 그래서….

면담자　　　최근 근황, 활동에 대해서 여쭤보겠습니다. 요즘에 주로 어떠한, 최근에 하셨던 일이라든지, 요즘에 어떤 일에 좀 신경을 쓰고 계시는지 먼저 잠깐 얘기를 해주시겠어요?

시연 엄마　　　요즘에는 [세월호 참사] 6주기 준비하고 있구요. 사실 저희가 2월 달부터 계속 준비해 오던 사업이 있어요. 제가 이제 팀장이 아니고 부서장이 되면서 사업을 기획하고 그 사업을 이렇게 하고, 이렇게 하는데, 6주기다 보니까 시민들, 그것도 2014년도부터 우리와 함께했던 그런 임의의 단체들, 그니까는 막 알려진, 큰, 뭐 어떤 연대 막 이런 단체가 아니라 그냥 시민들이 소소하게 만들었던 그런 단체들, 엄마들의 모임이라든가 뭐 자발적으로 모여서 시민들이 했던, 2014년도부터 같이 이제 우리랑, 내가 이제 대외협력부서 팀장 할 때부터 같이했던 몇몇 분의 이런 단체들이 있어요. 근데 이제 그런 분들이 지금은 이제 활동을 그렇게 막 많이 하고 계시지 않고 그래서 이제 '그분들이랑 같이 함께 6주기를 준비해 보면 어떨까' 해서 2월부터 그분들을 다 만나고 다녔어요. 만나고 다니면서 같이 매주 토요일마다 어떠한 행동을 하기 위해서 준비를 하고 있어요, 한 달, 한 달 동안 행동을 하기 위해서. 그래서 기획안도 쓰고, 우리 가족협의회 그 내부에서, 임원들 방에서도 이제 같이 논의하고 또 그렇게 하기로 하고 해서 준비도 하고….

그다음에 대학생 아이들도, 우리가 [세월호가 목포항으로] 인양되고 나서는 거의 이제 뭐 간담회도 많이 줄었고, 목포에 많이 신경 쓰다 보니까 대외적인 활동이 그렇게 많지 않았어요, 2017년도에 세월호 인양되고 나서. 그래서 이제 그때부터 좀 이렇게 소원해진, 그 대학생 아이들을 통해서, 또 세월호 참사가 요번에 특별수사단도 있고, 특별 수사단이 또 제대로 수사를 하고 있지 않은 거 같은데, 올여름에 또 종료를 한다고 하고, 그다음에 우리가 힘들게 만들어온 사회적 참사 특별조사위원회도 올 12월에는 이제 활동이 끝나는 시점에서 올 한 해는 정말 우리한테 중요한, 진상 규명에 있어서는 정말로 중요한 한 해가 될 거 같아요. 그래서 이제 '젊은 아이들을 통해서 더, 같이 진상 규명을 외치고 활동을 해보자' 해서 대학생, 그 학교 단체나 이런 아이들을 만나고 다녀서 대학생 캠프나 이런 뭐 거리 행동도 같이 기획하고 했었는데, 코로나 때문에 다 무산이 된 거예요, 모든 것이 코로나 때문에.

그리고 그 대학생 애들이 이제 전국으로, 전국적 그 단체도 있는데 그런 아이들도 만나서 전국에서 같이할 수 있는 간담회나 뭐 이런 것도 조금 조직도 했었는데 그것도 다 이제 코로나 때문에 무산이 되고, 들어왔던 것도 지금 다 취소되고 이런 상태라 솔직히 좀 많이 속상해요. 그래서 6주기, 이 중요한 시기에, 6주기 때 세월호 참사를 또 어떻게, 우리가 아직도 싸우고 있고, 진상 규명이 안 되고 있고, 이거를 외쳐야 되는데 그[4·16] 전날이 또 [21대] 총선이다 보니 어려움이 너무 많은 거예요. 그래서 이제 하고자 했던 것도 다 못 하게 되고, 또

'어떻게 사람들을 안 모으면서, 어떻게 또 6주기를 알리고, 올해가 중요한, 진상 규명에 있어서는 정말 중요한 해인 거를 시민들과 함께 공감할 수 있을까?'라는 그런 거 때문에 요즘 회의가 너무 많아요.

면담자   그렇지 않아도 이번에 코로나도 그렇고 총선 시기가 하필 6주기 시기랑 겹쳐가지고 좀 걱정이 많이 되고 그랬는데, 그래서 요즘에 회의가 많다는 이야기도 (웃음) 저도 다른 분들에게 들었습니다. 그래서 고민이 많으실 거 같아요.

3
4·16 참사 이전 시연이와의 추억

면담자   맨 처음에 4월 16일 이전의 삶에 대해서 먼저 제가 질문을 드리도록 할게요. 저희가 이 구술 작업을 할 때, 어떻게 살아오셨는가에 대해 이야기를 좀 먼저 들어요. 그래서 어디서, 언제 태어나셨고, 어렸을 때의 생활은 어떠셨고, 안산으로 어떻게 이주하셨는지, 아니면 안산이 원래 고향인 분들도 계시고요. 거기에 대해서 간단히 말씀해 주시죠.

시연 엄마   저는 저희 할아버지 때부터 계속 안산에서 살아온 사람이에요. 여기서 (면담자 : 아, 토박이시네요) 아, 네 네. 그래서 계속 안산에서 살았고, 또 안산에서 결혼도 했고, 네, 그렇게 살아왔어요. 그래서 어렸을 때 꿈이 뭐였냐면 (웃으며) 시골을 너무 가보고 싶은 거예요. 그래서 (웃으며) "난 시골로 시집가서…", "넌 꿈이 뭐니?"라고 물으면 "나는 시골로 시집가서 시부모님 모시고 사는 게 꿈이야"라고 (웃으며) 친구들한테 이렇게 말하고 그랬던 기억이 있어요. 그래서 안산을 좀 떠나고 싶었는데, 어떻게 하다 보니 또 안산에서 결혼해서 안산에서 살고 있고, 네 그래요.

면담자   그러면 어떻게, 남편분은 여기서 만나신 거니까 (시연 엄마 : 네, 안산에서) 안산에 계셨던 건가요? (시연 엄마 : 네, 네) 아, 그러면 두 분은 어떤 계기로 만나서 결혼하시게 됐나요?

시연 엄마   저희 친구, 제 고등학교 때 친구가, 친구가 이제 살던 집 옆에 있는 가게에서, 그 가게를 하는 사람이었어요. (웃으며) 나이 차이가 좀 한 6살 정도 차이 나요. (면담자 : 연애결혼 하신 건가요?) 네.

면담자   그러면 안산에서 쭉 그동안 무슨 일을 하셨나요? 그니까 4·16 일어나기 전에요.

시연 엄마   어, 4·16 일어나기 전에는 저는 영어학원에서 아이들을 가르쳤어요.

면담자   아, 그러면 남편분하고 같이 맞벌이를 하고 계셨던 건가요? (시연 엄마 : 네, 네) 네, 그럼 보통 일상적으로 어떤 생활을 하셨나요? 그니까 아침에 일어나면서, 예를 들어서 아이들 학교 보내고 이런 등등의 일과들이 있었을 거 아니에요.

시연 엄마   저는 이제 시연이가 우리 동네에서는 혼자 단원고를 다녔어요. 그니까는 시연이[가] 학교 [갈] 때 그때 평준화가 시작됐는데, 그 평준화되면서 우리 집 양쪽으로 고등학교가 있어요. 있는데, 우리 시연이가 "고등학교 가서는 공부를 다시 해야겠다. 내가 지금 놀고 있는 재네들이랑 같이 학교를 다니면 공부를 못 할 것 같다" 그래서 선택한 게 이제 단원고였어요. 그래서 우리 중학교에서 딱 두 명[이] 단원고를 갔는데, 한 명은 고등학교[에] 올라가자마자 바로 캐나다로 유학을 갔고, 시연이 혼자 단원고로, 단원고로 갔죠.

그래서, 이제 근데 교통이 굉장히 좋지 않아요. 단원고 가는 버스가 한 대 있는데, 거의 25분에서 30분에 한 대씩 있어서 처음에 시연이가 단원고[에] 간다고 했을 때 "어, 그래. 엄마가 아침마다 태워다 주면 되지"라고 얘기했고, 한 번도 시연이를 버스 태워서 학교를 보낸적이 없어요. 그래서 아침에 일어나면 제가 하는 일은 둘째는 단지 안에 하나 중학교가 있었기 때문에, 아파트 단지 안에 중학교가, 알아서 학교를 가고 저는 시연이 깨워서 시연이[가] 밥 먹는 동안 고데기, 머리가 짧으니까 고데기로 머리를 이렇게 가지런히 해주고, 그리고 시연이 학교[에] 데려다주고 오는 게 아침의 일상이었어요.

그러고 나서 이제 집 청소하고, 뭐 내가 공부할 거 공부하고, 그리고 이제 한 12시 반쯤에 출근하고. 네. (면담자 : 네. 그럼 12시 반에 출근해서 언제쯤 귀가하셨나요?) 어, 원래는 제가 초등학생만 봤었어요. 그래서 6시 반쯤에 퇴근을 했는데, 2013년도부터 중학생 애들까지 보기 시작하면서 9시까지 근무를 했어요, 그래서 이제 그때부터는 이제 9시. 2013년 중간 정도, 한 여름 때부터는 9시에 퇴근을 했어요.

면담자   아, 그러면 그때 아이들은 먼저 집에 들어오나요, 아니면 아이들이 더 나중에 집에 들어오나요?

시연 엄마   먼저 들어올 때도 있고, 나중에 들어올 때는 이제 끝나면서 내가 학교 가서 시연이를 태우고 온다든가 이제 뭐 이렇게….

면담자   그러면 집안 살림도 하시고 (시연 엄마 : 네, 네, 그랬죠) 바깥일도 하시고, 그렇게 아이들 둘을 키우신… (시연 엄마 : 오전에 시간이 많으니까) 네, 아 오전에 주로 집안일 같은 거 하시고 그러셨구나. 그러면 주로 주말은 어떻게 가족들하고 보내셨나요?

시연 엄마   저는 집에서도 좀 일을 했어요. 집에서도 좀 일을 해서, 왜냐면은 이게 먹고살기가 너무 빠듯하잖아요, 아이 둘 키우면서. 그래서 제가 어렸을 때 막, 뭐라 그러지, 아이들이 "엄마, 나…" 우리 아이들 어렸을 때 "엄마, 나 이거 사줘"라고 했을 때 돈이 없어서 못 사주거나 "안 돼"라고 얘기하는 게 나는 너무 마음이 아팠어요. 그래서 '내가 집에서 일을 하는 돈은 하나도 저금도 하지 않고, 뭐 또 쓰지 않고, 오로지 아이들을 위해서만 써야지' 하고 집에서도 이제 일을 해서 주말에는 이제 아이들이 너무 바쁜 거예요. 중학교, 고등학교 올라가니까 주말에 너무 바빠서 일을 했구요.

    그래서 그걸 계기로 해서 2014년도 초부터 제가 이제 아이들한테 얘기를 했어요, 앉혀놓고. "엄마가 아무리 생각을 해도 너네가 지금 너무 바빠졌고, 엄마와 이제 같이할 수 있는 시간이 얼마, 생각해 봐라, 얼마 남지 않았다. 대학교 들어가면 이제 뭐 기숙사를 들어갈 수도 있고, 뭐 또 자취를 할 수도 있고, 그럼 그때부터 엄마랑 같이 있지도 못하는데 엄마하고 할 수 있는 시간이 적지 않겠냐?" 해서 2013년도부터 저희는 주말에 '엄마의 날'을 만들었어요, 딸들하고. 그래서 주말에 '엄마의 날'을, 이제 매달 마지막 주 토요일은 무조건 엄마하고 함께하는 날이에요.

그래서 [따로는] 아무 데도 못 가고 그래. 딸들하고 엄마하고, 아빠는 빼고, 엄마하고만 (웃으며) 뭐 이대에 가서 쇼핑도 하고, 대학로 가서 뮤지컬도 보고 연극도 보고, 뭐 어디, 뭐 딴 데도 막 이렇게 놀러다니고 아무튼 그렇게 해서 아이들하고 조금 시간을 이렇게 가지는 그런 날을 주말에 한 번씩 이렇게 만들어서, 매달 마지막 주는 무조건 친구들 안 만나고. 근데 아이들이 너무나 좋아했어요, 저도 좋았고. 그렇게 할 수 있는 시간이 거의 없었었거든요. 시연이가 너무나 활동적이고 맡고 있는 일도 되게 많았어요, 고등학교 때. 그래서 이제 친구들한테 자기도 그거를 자랑하듯이 막 얘기하면서 아이들도 굉장히 좋아했기 때문에. 지금도 저는 시연이가 이렇게 되고 나서는 한 번도 '엄마의 날'을 가진 적이 없지만, ○○이하고 둘이서는 없지만, 그거 하나는 되게 잘했었다고 생각해요.

시연 엄마   이야기만 들어도 굉장히 흐뭇한 미소가 나오는 장면이네요. 그럼 시연이와 함께한 삶에서 가장 기억에 남는 일화가 있다면 어떤 것일까요?

면담자   음… 시연이가 한참 힘들었을 때가 있었어요. 그게 중학교 올라가서인데요, 저하고 갈등도 되게 많았고. 그래서 사춘기도 사춘기이지만 애가 원, 원, 워낙에 공부를 굉장히 잘했어요, 초등학교 때도. 근데 친구들하고 노는 것 자체도 너무 좋고 그랬, 그랬기 때문에 약간 시험기간에는 딱 공부만 하고, 안 그럴 때는 맨날 친구들 집에 다 데리고 와서 놀고 막 이런 편이었어요, 초등학교 6년 내내 반장을 했고. 이제 초등학교 5학년 때 얘가 또 책 읽는 거[를] 굉장히 좋아해서 서점에 갔다가 『가난하다고 꿈조차 가난할 수는 없다』라는 그

책을, 그게 두 권짜리가 있는데, 또 한 권을 또 별책으로 낸 책이 있어서 그 세 권을 다 읽고, "엄마, 나는 이 사람처럼 살고 싶어"라고 해서 그 사람이 이제 중학교를 1등으로 입학을 해서 대학교를 프린스턴 대학교를 가서… 막 이런 일화가 있어요. 그래서 초등학교 5학년 때부터 준비를 한 거예요, 얘가.

그래서 이제 정말 우리 동네에 있는 세 학교, 세 초등학교에서 한 중학교를 가는데, 그 세 초등학교에서 1등을 해서 중학교를 입학을 했는데, 들어가서도 진단평가에서 올백을 맞은 거예요. 지금 자랑하려고 얘기하는 게 아니라, 근데 그 시연이가 배정된 반에 이 시연이를 아는 애는 한 명밖에 없는 거예요. 다 다른 학교에서 온 아이들이었어요. 근데 이제 임원 선거를 하는데 다른 이제 선생님들이 얘 이름은 기억 못 해도 얘가 1등인 걸 다 기억하는 거예요. 대표 선서를 하고 또 입학을 했고, 또 진단평가도 올백 맞은 애가 얘 한 명밖에 없었고, 십몇 반까지 있었는데. 그니까는 얘를 이름은 기억 못 해도 "야, 1등. 1등" 이렇게 하니까 애들이 얘가 너무 꼴 뵈기 싫은 거예요, 이제.

그런데다가 "너 무슨 학원 다녀?" 막 이랬는데 저는 우리 애들 학원을 한 번도 보내지 않았거든요. 다 집에서 제가 가르쳤어요. 근데 아이들이 그걸 믿지 않는 거예요. "꼭 저런 애들은 저렇게 거짓말을 한다"고 이러면서, 그러면서 "너 어디 살아?" 막 이러면서 아파트 별로 막, "어, 너는 생긴 거는 □□아파트 살게 생겨가지고 왜 그린빌 살아?" 막 이런 식으로 애들이 막 그렇게 하면서 했는데, 그 와중에 반장 선거를 했는데 하고 싶었던 애들이 있었을 거 아니에요. 근데 선생님이 "얘가 1등이니까 얘가 해야지"라고 밀어붙인 거예요. 그래서 얘가 반장이 된 거예요.

근데 시연이는 너무 힘든 거지, 그 상황 자체가. 왜냐면은 얘는 6년 동안 반장을 했어도 공부를 잘해서 반장을 한 게 아니고 친구들하고 사이가 너무 좋았어요. 그니까 놀 때는 정말 화끈하게 놀고, 얘가 또 야구를 좋아해서 남자애들하고도 사이가 굉장히 좋았어요, 초등학교 내내. 남자애들이랑 막 맨날 야구하고 그래서 그랬는데 중학교[에] 올라오니까는 얘에 대해서 애들이 모르니까 자기네들 마음대로 막 얘를 뭐 그렇게 얘기해 버리고 하니까 굉장히 이제 힘들었던 거예요. 그래서 집에 와서 거의, 학교만 갔다 오면 1주일 동안 엎드려서 울고 막 이랬었거든요.

그러면서 "나, 아니, 나 이제 공부 안 할 거야"라고 하더라구요. 공부 안 할 거라고 얘기하는데 진짜 너무 안 하는 거예요. 그래서 저는 이제 공부하라고 하지 않았어요. 그냥 냅뒀어요. 왜냐면은 내가 어떻게 해줄 수 있는 사안이 아니고 자기가 스스로 극복해야 되잖아요. 그 사춘기에 엄마가 또 이렇게 막 옆에서 "안 돼. 그래도 해야 돼. 뭐 해야 돼" 하면 더 삐뚤어져 나갈 수도 있기 때문에 정말 그대로 뒀어요. 그래서 우리 시연이가 중학교 1학년 말 그때부터는 정말 너무나 심하게 놀기만 하는 거예요.

그래서 제가 이제 너무 애랑 많이 부딪치니까, 근데 공부 때문에 그러는 게 아니라 너무 밖에서 친구들이랑 놀기만 하고, 뭐 나쁜 짓을 한 건 아니지만. 그래서 제가 이제 우리 아파트 안에 그때는 일찍 퇴근하니까, 아파트 안에 이제 학교가 있었기 때문에 학교 끝날 시간이나 이럴 때 되면 나와가지고 시연이 친구들이랑 제가 친해졌어요. 일부러 친해지고, 애들이 막 학교 끝나면은 동네 상가 화장실[에] 가서 막 화장하고 옷 갈아입고 이러잖아요. 그걸 다 우리 집에 와서 하게 한 거예요.

그리고 학교 끝나면 다 우리 집에 와서 놀게 하고. 엄마들이 다 직장 다니니까 우리 집에 맨날 밥 막 많이 해놓고, 애들 먹을 거 많이 해놓고 그래서 거의 2학년 되고 나서는 이제 진짜 방앗간처럼 애들이 학교 끝나면은 다 우리 집으로 왔어요, 제가 있거나 없거나 간에. 와 가지고는 애들이 다 나를 이모로, 이모라고 부르고, 시연이도 몰래 이렇게 핸드폰[을] 잠가서 했던 것도 내 앞에서 다 애들하고 통화하고 막 그렇게 했었어요. 그래서 그때 시연이랑 좋은 기억도 많지만 저는 그때 시연이하고 굉장히 힘들었거든요. 제일 힘들었던 시기예요, 그 중학교 1학년 때 그 시연이하고 했었던 게.

그래서 이제 중학교 2학년 가서는 제가 너무나 이렇게 친구들이랑도 친하고 하니까 이게 노는 빈도가 더 이제 심해지는 거예요, (웃으며) 대놓고 이제 집에 와서도 그렇고. 근데 그때는 이렇게 저도 시연이 친구들하고 그만큼 친해졌기 때문에 많이 터치는 안 했어요. 근데 걱정은 되죠, 이제 고등학교 진학도 해야 되고, 얘가 또 꿈이 있는 아이라서. 얘가 또 음악을 했었거든요. 음악을 했던 애라서 그거에 대한 고등학교를 굉장히 가고 싶었어요, 가고 싶어 했어요. 그 공연콘텐츠과가 있는 고등학교가 있었거든요. 그래서 이제 얘가 음향 쪽으로 조금 가려고 미리 음악도 배우고 있었고 그래서 했었는데, 하고는 싶은데 친구들이랑 노는 게 너무 좋다 보니 이게 저는 너무 안타까운, 안타까운 거야, 옆에서 보기에.

그래서 좀 얘기를 또 이렇게 하려고 그러면 그때 한참 사춘기니까는 친구들 얘기가 들어올 때지 엄마 얘기가 들어올 때가 아니잖아요. 그래서 '그냥 한번 쟤를 믿고 둬보자'라고 했는데, 그냥 저도 어느 순간 포기가 되더라구요. 그니까 '아, 그래. 니가 친구들이랑 더 이렇게 노는 게 행복하고 뭐, 뭐 그러면 어쩔 수 없지'라는 생각이 들어서 저는 더 이제 친구들이랑 막 노는, 놀 때 뭐 그냥 뭐 아이들이 솔직히 중학교 때 술 같은 것도 한번 먹어보고 싶고 막 이렇잖아요. 그러면 "엄마, 나 솔직히 친구들이랑 술 한번 먹어보고 싶다"라고 얘기해서 "어, 그래? 그럼 다 데리고 와. 우리 집에서 먹어. 엄마가 사줄게. 그 대신에 다 집에 가면 안 돼. 우리 집에서 자야 돼. 부모님한테 허락받고 우리 집에서 잔다고 하고 다 데리고 와. 술 먹고 집에 가면 엄마가 욕먹으니까 안 된다" 그래서 술도 사서 우리 집에서 안주 막 해가지고 집에서 먹이고. 먹지도 못해요. 근데 호기심이잖아요, 근데 밖에서 먹으면 위험하니까.

근데 한번 그렇게 하니깐 아이들이 엄마랑 싸우고 집을 나오면 우리 집으로 오더라구요. 근데 저는 몰래 이제 엄마들한테 문자 보내주고, "우리 집에 와 있으니까 걱정하지 말아라" 이러면서 해주고. 19명이 맨날 그렇게 몰려다녔어요, 중1 때부터. 그래서 학교에서 "일진보다 얘네가 더 무섭다. 일진도 얘네는 못 건드린다" 막, 쪽수로 하고 다니니까. 그래서 그랬는데, 이제 고등학교 올라가기, 그 원서 쓰고 이러기 직전에 마지막 시험을 보잖아요. 그 마지막 시험을 보는데, 그건 점수에 전혀 반영이 되지 않잖아요. 그래서 시연이가 저한테 그러더라구요. "엄마, 내가 들어올 때 1등 했으니까 나갈 때도 1등 한번 해줘야 되지 않겠어?" 이러더라구요. 그래서 내가 "웃기지 마. 너 지금 점수가 몇 점인데 1등을 해" 그랬더니 지도 웃더라구요.

근데 시험 끝나고 그다음 날 학교에서 바로 전화가 왔어요. 전화가 와서 "어머님, 아, 시연이가 큰 사고를 쳤는데 학교에 좀 오셔야겠다"고 이래요. 그래 가지고 이제 시연이한테 안 물어봤어요. 안 물어보고 아침에 시연이 학교 갈 때 또 손을 잡고 또 떵가떵가 갔어요. 갔는데, 알고 보니까 얘가 이제 별명이 깨박이예요. 깨박이라서, 얘가 워낙에 활발하고 까불까불하니까는 깨박이 목걸이를 항상 하고, 초등학교 때부터 하던 게 중학교 가서 원래 못 하잖아요, 목걸이를? 근데 선생님들이, 또 애[를] 이뻐하는 선생님들이 되게 많았어요. 그래서 그냥 목걸이를 계속하고 다녀도 아무도 뭐라고 안 했었거든요?

근데 이제 중국어를 중3 때 처음 배워서 그 선생님이 교사가 되고 처음 이 학교에 와가지고 아이들 중학, 중국어를 가르쳤던 선생님인데, 그 시험 OMR 카드에 깨박하트라고 점을 이렇게 찍은 거예요, 번호를 안 찍, 번호를 깨박하트로 이렇게, 그니까 그 시험지 문제를 풀지 않고. 그니까 이 선생님이, 얘는 이제 마지막 시험이고 점수에도 안 나오니까 장난을 친 거예요. 근데 선생님은 자기한테, 자기를 무시했다고 너무 충격을 받은 거죠. 그래서 나보고 와서 선생님한테 사과를 하라고 했던 거예요, 담임선생님이. 근데 솔직히 저도, 저도 교사지만 그게 또 뭐 그렇게 (웃으며) 크게 뭐 저기 해가지고 선생님이 그렇게까지 할 일인가 싶기도 한데, 아무튼 상처를 받으셨다니까 가서 이제 사과를 드렸어요.

그래서 그 일로 학교에서 또 엄청 애[가] 유명해진 거예요. 그 사건을, 사건이라고 해요, 학교에서는. 그렇게 하고 이제 고등학교를, 원하던 고등학교를 원서를 냈는데 떨어졌어요 그 학교에서. 떨어져서 (면담자 : 그 음악?) 네, 네. 공연콘텐츠과에서 떨어져서, 거기 이제 학년별로 60명밖에 안 뽑는 데라서 떨어져서 그래 갖고 선택해서 간 게 이제 단원고거든요. 다시 자기가 공부를, 거기서 이제 충격을 받은 거예요, 자기 '공부할걸…' 이러고. "근데 그 놀던 친구들이랑 같이 고등학교를 가면 내가 도저히 공부가 안 될 거 같다. 고등학교를 가서는 그렇지만 공부를 해야겠다. 내가 프린스턴 대학교를 가려면" (웃으며) 그래서 이제 단원고를 가게 됐죠.

저한테는 그 시연이 중학교 때의 그게 제일 아프기도 하고, 좀 시연이하고 더 친해진 계기도 되기도 하지만, 굉장히 단원고를 또 선택하게 된 계기도 되고 막 이래서, 그리고 시연이가 중학교 1학년 때부터 3학년 때까지가 제일 기억에 남는 거 같아요.

면담자　　　네. 그 이야기를 들으니까 굉장히 어려웠던 시기였을 수도 있는데 어머니께서 또 현명하게 극복하시기도 하고, 또 그 계기가 단원고에까지 이어지는 이야기라는 생각이 드네요. 시연이를 양육하시면서 특별히 중요하게 생각하셨던 게 뭔가요? 보통 교육관이라고 우리가 말하죠.

시연 엄마　　　교육관은… 솔직히 얘가 되게 뭐라 그러지, 남한테는 굉장히 예의 발라요. 그니까 원래 집에서는 굉장히 얘가 우리 집안 자체에서, 제가 결혼도 일찍 했고 그래서 우리 집안 전체에서 얘가 첫 조카, 첫 손녀고, 첫 조카고, 첫아이예요, 집안에서. 그렇기 때문에 어렸을 때부터 너무 주위, 뭐 할아버지, 이모들[의] 막 너무 사랑을 독차

지하고, 얘가 큰애다 보니까는 그러고 자라나서 집에 오면은 애기 같고 그러지만 약간 그 남의 집에 가서나 뭐 그런 그 예의 같은 거? 뭐 함부로 남의 집에 있는 물건, 뭐 막, 어느 애들은 집에 놀러 오면 마음대로 막 냉장고 열고, 뭐 먹을 때도 돌아다니면서 먹고, 애들이 그렇잖아요. 근데 저는 어렸을 때부터 그걸 되게 싫어했어요. 우리 집에서건 남의 집에서건 돌아다니면서 뭐를 먹거나 뭐 물어보지 않고 만져서, 뭐를 책 같은 것도 물어보지 않고 막 이렇게 꺼내서 막 본다든가, 뭐 물건을 쓰고 제자리에 두지 않는다든가 뭐 그런 것들, 그런 것들을 조금 중요하게 생각했고….

그다음에 제가 제일 이렇게 했던 거는 제가 집에서, 제가 교육학과를 졸업했거든요. 그러다 보니까는 아이들을 학원을 안 보내고 집에서 이제 공부를 계속 어렸을 때부터 가르치다 보니까 많이 하는 것보다는 매일매일 하는 습관을 들여주기 위해서 진짜 거의 시연이가 36개월 때부터 저는 공부를 시켰거든요? 근데 많이 시킨 게 아니라 하루에 두 장씩, 세 장씩, 그거를 매일매일 시켰어요. (면담자 : 근데 특별히 학원을 안 보내신 이유가 있었나요?) 어, 솔직히 초등학교 1학년 때 잠깐 피아노학원, 이런 거를, 또 예체능 이런 거를 배우고 싶어, 배웠는데 애들이 너무 힘들어하더라구요. 그니까 딱 한 달 다니, 한 달 보내고 "그럼 하지 마" 그러고 안 보냈어요.

그랬는데 이제 공부를, 그 학원을 안 보내기 시작한 거는 제가 이제 학원 쪽에서 일을 하다 보니까 아이들이, 그니까 선생님들도 그렇고 "너 학원에서 이거 안 배웠어?" 막 이러면서 하는, 학교 내에서 선생님들도 약간 그런 게 있었거든요. 그래서 저는 그런 게 너무 싫은 거예요. 그리고 너무 앞서 나가서 아이들을 가르치다 보니까 그런 게 좀 싫었어요. 그래서 저는 이제 초, 36개월 때부터 아이들[에게] 한글 가르치고 우리 시연이가 5살 되기, 5살 때는 읽고 쓰고를 다 했거든요, 우리 아이 둘 다. 그러면서 그때부터 읽고 쓰고 나서, 떼고 나서부터는 계속 수학을 연산 수학만 시켰어요, 다른 걸 시킨 게 아니라, 연산만 계속. 똑같은 문제집[을] 두 번씩, 두 번씩 하고 이렇게 하다 보니까 나는 별로 이렇게 학원에, '학원을 꼭 보내야 하나'라는 생각이 들었어요. '그냥 집에서 읽고 싶은 책 보고, 매일매일 이렇게만 하면 되지 않을까' 싶어서 그렇게 했고, 영어만 이제 인터넷에서, 인터넷으로 이렇게 듣고 따라서 읽고 막 이런 정도? 그다음에 시험 치고 이럴 때는 좀, 영어도 이렇게 시험 보고 이러는 게 있잖아요. 저는 아이들 뭐 이렇게 그림 대회나 무슨 대회가 있으면 무조건 그런 데 다 내보냈거든요, 경험 삼아서. 돈 내고 하는 데는 그냥 돈 내고 그냥 다 이렇게 내보내고 그렇게 했어요. 그 뭐 막 어디 찾아봐서 뭐 어디에 그런 대회가 있으면 그런 데 그냥 다 내보내고…. 그래서 그냥 제가 하는 게 낫겠다 싶어서 그렇게 했어요(웃음).

면담자   보통 세상 돌아가는 일이나 입시 관련 정보나 아이들에 대한, 교육과 관련된 정보들은 어떻게 얻으셨나요? 그러니까 이웃하고 모임을 하시거나 아니면 학부모 모임에 좀 적극적이셨거나 아니면 종교 단체에서 활동을 하셨다거나….

시연 엄마   그런 건 없었어요. 그런 건 없었는데, 우리 작은애 초등학교 1학년 때는 그런 모임을 한번 했었어요. 엄마들, 그니까는 저는 그냥 교육관이나 이런 건 없지만 매일매일 아이들을, 매일매일 하는 습관을 들이고 싶었던 그런 건 이제 시연이 애기 때부터 그런 건 계속 해 왔고 했는데, 초등학교 1학년 때 학원 안 다니는, 안 보내는 엄마들이 이렇게 몇 명 있었어요. 그 작은애 친구 엄마들끼리 모여서 토요일마다 한 엄마는 그 집에 모여서 미술을 하고, 그다음 주 토요일에는 아이들 데리고, 차 있는 엄마가 있어서 아이들 다 태워가지고, 아이들 데리고 미술관이나 이런 데 견학을 다니고, 그다음은 그 엄마 집에서 또 아이들하고 수학 공부하고, 이런 식으로 했던 게 있어요. 거의 한 몇 개, 한 1년 가까이 그 엄마들, 엄마들하고 그랬던 건 있어요. 그래서 그쪽에서 엄마들이랑 이제 "뭐는 어땠대, 어땠대" 그러면서 상황 공유도 하고, 네.

면담자　네. 투표는 보통 하시는 편이셨나요? (시연 엄마 : 네네) 정치에 대한 관심은 좀 많으셨나요, 아니면은….

시연 엄마　저는 별로 솔직히 관심이 없었는데, 저희 언니가 이제 국회의원 비서로 있었고, 또 저희 엄마가 또 전라도 분이라서 그런 거에 대해서 되게 (웃으며) 선거 날만 되면 "너 투표 했냐, 안 했냐?" 말이 이렇게 계속 있었어요. 그래서 강제로라도 저는 투표를 했어야 했[어요], 인증 숏을 엄마한테 보내야 하고 이래서….

4
수학여행을 떠나기 전 가족들과 함께 보낸 시간

면담자　네, 그러셨구나. 그러면 이제 살아오셨던 이야기는 대충 여쭤본 거 같고요. 이제 수학여행과 관련해서 여쭤보도록 할게요. 수학여행 출발 전에 여행에 대해서 시연이를 통해서든지 이야기를 좀 들으셨나요?

시연 엄마   수학여행, 솔직히 그 원래는 학교에서 '어디로 간다' 그리고 '뭐를 타고 간다' 하는 거를 학부모 이렇게 사인이나 그런 거를 받게 하잖아요? 근데 그렇게 하지 않았어요. 그래서 아이들이 거기서 이렇게 해서 학교에 제출을 했고, 그래서 이제 시연이한테는 저는 다 구두로 얘기를 들었죠. 우리 시연이는 학교에서도 계속 저한테 뭔 일 있으면 저한테 계속 카톡[카카오톡] 보내고, 저한테 다 얘기하는 스타일이거든요, 뭐든지. 선생님 욕까지 막 다 저한테 막 하는 스타일이에요, 우리 애들이 둘 다. 그래서 이제 그런 얘기들을 다 해줬었어요. 그래서 수학여행 가서, 그때 그 어떻게 하기로 해서 가기로 했어, 가기로 했어 그런 거는 짧게 이야기하고, "거기에서 아이들이 춤추고 장기 자랑 연습을 하는데 내가 거기에서 음향을 맡아서 하기로 했다. 그래서 뭐 편집, 편집이나 뭐 이런 작업을 해야 된다"고 하고, 그거 하면서 또 춤 연습도 해야 되고, 그래서 이제 그런 춤 연습하면서, 하는데 제가 이제 주말에 애들이 거의 춤 연습을 하니까 제가 데려다주고, 끝날 때 되면 또 데리고 오고 그랬던 거 같아요.

면담자   네. 수학여행을 위해 아이들이 부모님이랑 같이 준비하는 경우가 있고 본인이 직접 준비를 하는 경우도 있던데요. 쇼핑 같은 걸 하기도 하고요. 시연이는 어머님하고 같이 준비하거나 시연이가 어떤 준비를 하는 걸 혹시 보셨나요?

시연 엄마　　　저랑 다 같이 했죠. (면담자 : 아, 어떤?) 집에 있으면 애기라니까요. 그래서 (웃으며) 시연이가 노란색을 굉장히 좋아해요. 그래서 제가 그 전년도에 노란색 아디다스 바지를 사줬었어요. 근데 이제 그게 위에 거는 없었고 아래 꺼만 있었거든요. 근데 어느 날 찾아보니 위에 게 나온 거예요. 그래서 수학여행 가기 전에 그거를 사러 다 같이 갔죠. ○○이랑 셋이, 이제 셋이 가서 ○○이도 잠바를 하나 사주고 시연이도 그 노란색 아디다스 저지 잠바를 샀어요. (면담자 : 그럼 위아래 노란색으로 입고) 위에 거는 한 번도 못 입고 갔어요. 그 싸가지고 갔어요, 춤출 때 입는다고. 근데 상표도 안 떼고 싸가지고 갔는데 한 번도 못 입었죠.

　　그래서 이제 그거를 사주면서 시연이가 모자를 굉장히 좋아하거든요. 그래서 모자, 모자 모양의 가방이 있었어요. 그 모자 전문 브랜드가 있는데, 이제 그 ○○이 잠바 사러 간 가게에, 그 가게 한편에 그 모자 그 매장이 조그맣게 이렇게 되어 있었어요. 근데 거기에 모자도 넣을, 모자 모양의, 모자도 넣으면서 뭘 이렇게 넣을 수 있는 가방이 있었어요. 근데 이제 우리 시연이는 그 일단 우리가 나올 때는 재킷 하나씩 사기로 하고 나온 거기 때문에 그 가방이 너무 마음에 들고 갖고 싶은데 사달라고 말을 못 하는 거예요. 그래서 "아니, 마음에 들면 사"라고 했는데, "아니야, 엄마. 안 살래"라고 얘기하더라구요. 그래서 그냥 샀죠, 제가. 근데 "됐다"라고 해놓고 너무 좋아하는 거야. 사진 찍어서 친구들한테 다 보내고 막. 그렇게 굉장히 좋아했어요.

　　그래서 그 가방 같이 샀고, 그다음에 이제 그다음 날 아이들이랑 같이 먹을 간식, 마트에 가서 간식 사고…. 그리고 이제 수학여행 가면 고기도 못 먹으니까, 우리 시연이[가] 고기를 되게 좋아해요, "고기를 못 먹으니까 수학여행 가기 전에, 밥, 우리 고기 먹자" 그래서 이제 아빠랑 넷이서 우리 집 앞에 있는 고기집을 이제 가려고 하는데 우리 시연이가 자기 친구들이랑 같이 갔던 비싸지 않은 고기집 있잖아요, 애들이 가는. 마포갈매기? 거기를 가자는 거예요. 그래서 "거기 별로잖아"라고 얘기했는데, "아니, 엄마, 친구들이랑 맨날 가는데 되게 맛있어"라고 해서 이제 처음으로 시연이랑 같이 그 마포갈매기를 가본 거예요. 가서 거기에서 이제 시연이랑 같이 저녁을 네 식구가 다 모여가지고 저녁을 같이 먹었고, 집에 와서 가방을 같이 마무리해서 가방을 다 같이 쌌죠.

5
사고 소식을 듣고 내려간 진도

면담자　　　이제 4월 16일로 가야 될 거 같은데요. 맨 처음 그 사건 소식을 들으셨을 때, 그러니까 아침에는 일단 학교를 (시연 엄마 : 데려다주고 왔죠) 데려다주고 오셨고요. 그리고 다음 날 처음 그 소식을 들으셨을 때부터 기억나는 대로 좀 말씀을 해주시면 감사하겠습니다.

시연 엄마　　　저는 TV를 잘 안 틀어, 안 틀어요. 그래서 그냥 그 아이 데려다주고 와서 집안일을 하고 있는데 [다음 날 아침에] 저희 이모 아들, 저희 외사촌 오빠죠, 이모 아들이 전화가 왔어요. 오빠한테 전화가 와서, 그 오빠 딸도 9반에 박예지라고 또 딸이 있었거든요. 그래서

"야, 너 지금 빨리 뉴스 틀어봐. 우리 애들 타고 간 배가 침몰했대"라고 하는 거예요. 그래서 틀어봤더니 정말 그런 거예요. 그래서 이제 전화를 해봤죠, 시연이한테. 전화를 했더니 전화를 안 받아요. (면담자 : 그때가 몇 시죠?) 9시 반쯤이었어요. 그래서 그러고 나서 이제 우리 언니한테 이제 막 전화도 하고 또 저희 외삼촌이 그때 그 해양교통국 그때 그쪽에 있어 가지고 외삼촌한테도 막 그 했었는데, 아무튼 그래서, 연락을 자꾸 하는데 전화를 안 받다가 9시 40분에 전화를 받았어요, 시연이가. 전화를 받아서 얘기를 하는데 금방 전화가 끊기는 거예요. 전화가 끊겼는데, 계속 전화를 했는데 전화가 통화가 안 돼서 시연이한테 제가 문자를 보냈죠. 문자 보냈는데, "엄마, 나 지금 살아있어" 막 이렇게 문자가 왔어요.

그러고 나서 다시 이제 전화 통화를 계속하려고 했는데 10시에 통화가 됐어요. 10시에 통화가 돼서 시연이가 울기 시작하는 거예요. 그때부터 울기 시작하면서, 그래서 "왜 우냐?" 그랬더니 "지금 그 천[장에서], 불이 나, 배에 불이 나서 천장에서 불똥이 떨어져서 자기 발에 떨어져서 지금 발을 다쳤다. 그래서…" 막 그러면서 울면서 "지금 엄마 우리 학교, 이제 저기 지금 헬기가 왔고 우리 구출하려고 하는데 우리 반 차례래"라고 했어요. 그래서 "시연아 구출, 구출되면 엄마한테 전화해. 그리고 절대 또 친구들 먼저 가라고 막 하지 말고 순서대로. 너, 니 순서 되면 니가 타"라고 제가 얘기를 했어요. 그러고 나서 "엄마가 지금 갈 거"라고 "조금만 기다리라"고 했더니 "여기가 어딘 줄 알고 엄마가 오냐"고 또 저한테 화를 내더라구요. "여기가 어딘, 어딘 줄 알고" 막 하면서 화를 내고, "엄마한테 꼭 전화한다"고, "엄마, 나 구출되면 꼭 엄마한테 전화할게" 그렇게 얘기하고 전화가 끊겼어요.

끊겼는데, 그때가 이제 거의 10시 뭐 3분, 4분 이렇게 됐었을 때인데, 끊었을 때는, 그랬는데 이제 그 뒤로 연락이 계속 안 됐던 거죠. 연락이 안 됐었고, 저는 이제 막 준비를 하는데 여기저기서 다 막 우리 언니고, 얘네 아빠가 또, 얘네 아빠는 또 회사에 있었잖아요. 그래서 제가 이제 막 손이 떨려서 운전도 못 할 거 같고 해서 우리 언니가 와서 이제 저를 단원고[에] 데려다주고, 얘네 아빠는 회사에서 바로 단원고에 가 있었죠. 그랬는데, 학교에서는 뭐 "전원 구조 됐다" 그러고 막 그렇게 얘기를 해요. 그런데 이제 단원고에 가서도 저는 학교 활동을 많이 했거든요. 그래서 그 활동[을] 같이했던 엄마들이 세 명이 있어서, 네 명, 저까지 네 명이서 1학년 때부터 계속 활동을 했던 엄마들인데 (면담자 : 운영위원회 같은 건가요?) 아니요, 아니요, 반에서. (면담자 : 네, 반에서요) 네, 네. 반에서 이렇게 활동했던 엄마들인데, 그래서 그 엄마들은 딸들하고 다 통화가 됐다는 거예요, 그 세 명은. 근데 "아휴, 시연이도 연락될 거야. 내가 찾아보라고 할게" 이렇게 얘기하는데, 우리 시연이만 연락[이] 안 되는 거예요.

그런데 학교에 갔더니 뭐 우왕좌왕하고 뭐 난리가 아니었죠. 근데 뭐 "12시에 차를 배차한다"느니, "1시에 차를 배차한다"느니 이런 소리를 하고, 단원고 측에서 "아이들이 전원 구출 됐다" 이런 얘기들을 하고 그래서 "어, 저거 지금 저쪽에서 얘기하는 게 아니고 단원고 측이라고 하지 않냐. 단원고는 지금 여기에 있는데 여기에서 저 상황을 어떻게 아냐. 저거 지금 거짓말 아니냐"라고 얘기를 했어요. 근데 교육청에서는 그때 "아이들 전원 구조"라고 또 문자를 보내와요. 그래서, 근데 아이하고는 연락이 전혀 되지가 않아요. 어, 그래서 "이상하다. 어떻게 이렇게 몇 분 만에 저 많은 사람을 다 저렇게 구조했다고, 좀 전만 해도 그렇게 얘기를 안 해놓고는 저렇게 금방 바뀌어갖고 얘기를 하냐. 다 거짓말이다, 분명히" 그러면서 뭐 "진정하라"는 식으로 계속 얘기하고, 뭐 "차량이 뭐 준비가 몇 시에 될 거니까 그것 타고 내려가서 아이들을 데리고 온다, 오면 된다" 이렇게 얘기를 하는 거예요.

그래서 저희는 이제 그 사촌 오빠 가족들이랑 저희 가족들이랑 같이 있었잖아요. 그래서 따로 "우리 저거 못 기다린다" 그래서, 집에 가서 서로, 두 집이 서로 집에 가서 아이한테 입힐, 아이 옷이 다 젖었을 거라고 생각을 했으니까 가서 아이가 입을 따뜻한 옷을 챙겨서 바로 자차로 두 집이 내려갔죠. 정말 진도까지 한 3시간 만에 간 거 같아요, 얼마나 달려서 갔는지. 달려서 가서 거의 저희 집, 저희가 제일 먼저 도착을 했던 거 같아요. 도착을 했더니 벌써 생존자 아이들 몇 명은 이제 체육관에 와 있고 이제 팽목항은 못 가게 하더라구요. "거기 가봤자 들어가지도 못하고 지금 다 막혀 있다. 응급 차도로 뭐 꽉 차 있고" 뭐 어쩌고저쩌고하면서 그쪽에서 자꾸 못 가게 하는 거예요. 그래서 "지금 백칠십몇 명이 구조가 되어서 여기, 여기 오고 있다. 지금 배로 이동 중이니 5시까지 기다려라"라고 하는 거예요, 팽목항에 못 가게 하고.

그러고 나서 생존자 애 중에서 시연이랑 친했던 애들한테 가서 물어봤죠. "시연이는 어딨냐?" 그러니까 "어머니, 시연이 제 뒤에 있었어요. 얘 어디 있을 거 같아요" 그러면서 자기도 막 두리번두리번거리는 거예요. (면담자 : 그럼 그 아이들 중에 3반 생존 학생에게 물어본 거예요?) 네, 3반 아이들, 3반 아이의. 그래서 이제 그 친구한테, 이제 걔가 반장이었거든요. 그래서 물어봤어요. 물어봤을 때 "같이 있었고, 자기 뒤에 있었, 자기 뒤에 있었다"고 얘기를 했어요. 그래서 막 찾으러 다니는데, 어떤 아이는 정말 시연이랑 친했던 애인데도 물어보는데 대답도 안 하고 쌩 뭐 이렇게 하고 가버리고 그래서 저는 거기서도 되게 상처를 받은 거예요. 그래서 이제 '아, 내가 직접, 내 눈으로 더 가까이 있는 데서 봐야겠다' 그래서 그 사람들이 팽목항을 못 가게 했지만 무조건 차를 끌고 팽목항으로 갔어요.

팽목항으로 갔는데 막기는커녕 구급차 한 대 있고 천막 하나도 없는 거예요. 아무것도 없는 거예요, 팽목항에. 그래서 '와, 얘네 지금 뭐 하는 거지?' [하는 생각이 들었죠]. 저는 그리고 거기서 되게 가까운 곳에서 사고가 났는 줄 알았어요, 팽목항에서. 근데 뭐 어디서 표시도 안 나고 보이지도 않아요. 근데 그 순간에 그 항구, 그 지금 이제 그 등대 있는 쪽에서 어느 분이, 그 119 구조대 옷을 입은 분이에요. 남자분이 이렇게 팔짱을 끼고 서가지고 어, 그래요. 헬기가 이렇게 지나가고 있었어요. 헬기가 지나갔더니 "저, 저 나쁜 새끼들. 저거 다 쇼하는 거다. 거짓말하는 거다" 이렇게 얘기하는 거예요, 그 119 구조대원이. 그래서 "왜 그러시냐" 그랬더니 "저거 배 지금 다 침몰됐다"라고 하시더라구요. 그래서 아니, 지금 텔레비전 화면에도 그렇게 안 나오고 있었잖아요. 계속 막 구조하는 장면 나오고 막 그랬잖아요, 그때 4시 넘어서 5시 그때도. 그랬는데 그 사람은 "다 저게 쇼고 거짓말이다"라고 하는 거예요, 그 119 구조대원이.

그래서 그 사람한테 상황을 물어봤더니, 그 사람은 되게 조심스러워하더라구요. 그래서 "얘기해 달라" 계속 이제 얘기했어요, 얘네 아빠랑 계속 재청을 했더니, 119 구조대가 그 사고 현장에 갔는데 해경이 "너네는 빠져라. 우리가 알아서 하겠다"라고 했대요. 그래서 "아니, 지금 저 창문이라도 깨서 아이들 구조해야 되는 거 아니냐?"고 했더니, "저 창문을 깨면 그 유리 조각 때문에 아이들 다칠 수도 있는데 어떻게 창문을 깨냐. 너희들 우리가 알아서 할 테니까 니네는 그냥 가라" 그랬다는 거예요. 그래서 뒤를 돌아서 오는데, 오면서 뒤를 돌아서 보니까 배가 확 침몰을 해버렸다는 거예요. 그러면서 막 "저 나쁜 놈들"이라고, "나쁜 놈들"이라고 하는데 우리는 그 사람 하나 말만 들을 수 없잖아요. 그래서 "혹시 이 지역 사람이냐"라고 얘, 말을 물어보니까 맞대요. 그래서 "돈은 얼마가 들어도 좋으니 혹시 아는 사람 중에 배가 있는 사람이 있으면 민간 배라도 한 대 빌려달라"라고 했더니, 자기가 얘기했다고 절대 얘기하지 말라는 조건하에 그 사람이 배를 빌려줬어요. 그 아는 사람[을] 통해서 배를 빌려줬어요.

그래서 또 사람들 눈을 피해서 배를 타야 했기 때문에 저쪽 서망항에 가서 배를 탔는데, 제가 너무 흥분되어 있는 상태이고 해서 얘네 아빠랑 우리 오빠랑 이제 같이, 또 거기에 있던 몇몇 가족들이 또 있었을 거 아니에요. 해가지고 딱 10명만 채워서 갔어요, KBS 기자까지. 근데 KBS 기자가 우리 얘기를 엿듣고, 자기가 "제대로 보도해 주겠다. 무조건 배에만 태워만 달라"라고 얘기를 했고, 그래서 태웠는데 갔다 오고 나서 그 기자가 사라져버렸죠, 보도는 전혀 되지 않았고. 그래서 일단 그때 이제 얘네 아빠가 나갔는데, 근데 일반 그런 배를 타고 가면 금방 가요. 우리가 일반 뭐 동거차도 가는 주민들이 타는

41
●
1회차

그런 배를 타고 갔을 경우에는 거의 2시간 넘게 걸리는데 그 배로 갔을 때는 금방 가거든요, 빠르, 빠르니까. 그래서 도착했더니, 이제 갔다 와서 얘네 아빠가 하는 말이 "다녀왔더니 전혀 구조가 되어 있지도 않고, TV에서 본 것처럼 무슨 몇백 명이 가서 하고 헬기가 떠 있고 그게 아니라, 구조, 그 작은 배도 아니고 거기에서 거기에 그냥 한 몇 명이 그냥 들어갔다 나왔다 그것만 하고 있고, 지금 민간 배가 옆에서 접근하는데도 전혀 막지도 않고 있더라. 그리고 세월호는 지금 다 침몰해 있고, 끝에 꼬리만 남아 있는 상태고, '지금 뭐 하는 거냐?'라고 얘기했을 때 '지금 아이들이 기름, 기름이 아이들한테 들어갈까 봐 기름을 걷고 있다'면서 거기서 기름 수거 작업을 하고 있었다"는 거예요. 그 배에서 나온 기름, 그 껌은[검은], 껌은 거 둥둥 떠 있잖아요.

그래서 이제 그런 얘기를 얘네 아빠가 와가지고 막 흥분해 가지고 기자들이 막 달려들고, 이제 막 사고 현장을 처음 간 유가족이잖아요. 그래서 막 흥분되어 가지고 사람들이 막 달라붙어서 물어보는데 그런 거는 기사에 하나도 안 나간 거예요. 그래서 이제 그런, 그 일이 있고 나서 또 가족들이 따로 뭐 또 다 그 직접 보고 온 유가족이 생겼으니 그게 사실인 거잖아요. 그래서 그날 저녁에 해경에 요청해서 해경 배를 타고 몇 명의 가족들이 가서 그 사건을 보고, 그다음 날 또, 또 배를 우리가 요청을 해서 큰 배에 또 유가족들이, 거기 있던 부모들이 다 그 배에 타고 현장에 갔더니 정말 이 꼬리만 남아 있고 다 배가 이제 가라앉아 있었던 거죠.

근데 이제 그렇게 하기까지 저희가 그 제대로 언론보도가 되지 않고 우리가 직접 눈으로 보고 왔는데도 TV 화면에는 계속 아이들이 구조, 아이들을 구조하고 있는 장면만 TV에서 내보냈고, 지금도 구조하고 있다는 식의 언론보도만 나왔어요. 그래서 우리가 "쟤네들이랑 우리 인터뷰 절대 하지 말자. 아무것도 하지 말자"라고 했는데, 우리가 배를 타고 그 현장에 갈 때 많은 언론사에서, 언론사에서 "자기네들이 직접 그 배에 타서 같이 취재를 하겠다"고 얘기를 했을 때 저희들이 "다 못 믿겠다, 너희들"이라고 얘기를 했는데, YTN에서, YTN이랑 좀 이렇게 합의? 이런 식으로 보고 생방송으로 내보내 주는 조건. 그래서 우리가 출발할 때부터 들어, 돌아올 때까지 YTN에서 생방송으로 그 장면을 보내줬어요. 그래서 그, 근데 그때도 (면담자 : 그때 배에 같이 계셨었나요? 그 YTN이 갔을 때?) 그땐 다 같이 갔죠. 거기는 가족들이 다 거의 타셨다고 보시면 돼요.

그때 다 갔을 때, 그때 이제 도착을 해서 그 배를 봤잖아요, 다 침몰되어 있는 배를. 봤는데, 어떤 유가족, 어떤 누구인지는 모르겠어요, 제가 직접 보지 않아서. 근데 한 분이 쓰러져서 바로 돌, 다시 돌아가야 된다는 거예요. 그래서 지금, "미쳤냐? 나는 절대 못 간다" 내가 거기서 방방 뛰었어요 막. "한 명이라도 구조되는 거 보고 가겠다. 절대 여기에서 갈 수 없다"라고 얘기를 했는데, 지금 위급 상황이니까 가야 된다는 거예요. 그래서 거기에 이제 안산 시장이나 안산 국회의원들이 다 그 배에 탔어요. 그래서 이제 그 시장이랑 국회의원이랑 모여 있는 데 가가지고, "우리 아이들 구조되는, 한 명이라도 구조되는 거 나는 보고 가야겠다. 저것 좀 막아달라" 그랬더니 그 사람들이 하는 말이 "아, 여기는 지금 안산이 아니고 진도라서 자기네가 힘이 없다"는 거예요. 그래서 "아니, 그럴 거면 왜 왔냐"고 그렇게 하면서 이제 그 국회의원이 제가 원래 사석에서 알던 사람이라서 "상황 다 알지 않냐. 이해해 달라" 이렇게 얘기하는 거예요. 그러면서, 그 사람들이 그렇게 얘기하니까 얘네 아빠가 배 끝으로 달려갔어요. "여기서 바로 출발하면, 내가 여기서 바로 떨어져 죽어버리겠다"고, 얘네 아빠가. 그래서 다시 돌리려는 배를 멈췄어요. 그래서 거기서 더 있었어요.

더 있었는데, 지금 생각해 보면 다 쇼를 하고 있었던 거죠 그 사람들이, 아이들을 구조하려고 했던 게 아니라. 뭐, 그때 살짝 비가 왔었어요. 그랬더니 그 얘기를 하면서 "지금 구조할 수 있는 상황이 아니다. 바람이 너무 세고 그래 가지고 할 수가 없다" 막 이런 식으로 막 해서 어쩔 수 없이 또 거기서 좀 있다가 돌아왔죠. 돌아와서 이제 밤에[이] 되면은 조명탄 쏴가지고 하는 걸 막 보여주는데, 솔직히 말하면 거기서 조명탄을 쏘든 팽목항에서 보이지 않아요. 근데 우리에게 보여주려고 조명탄을 쏘기 시작한 거죠. 근데 어느 날, 어느, 어느 날이래, 그날 저녁에 어느 사람이 "조명탄이 떨어졌다"는 거예요. 그러면 사가지고 와야 될 거 아니에요? 그때 뭐 "그거를 하나 사려면은 어디에 뭐 허가를 받아야 하고, 어디에 허가를 받아야 하고…" 이런 식으로 얘기를 하는 거예요. "기간이 필요하다" 그래서 "그러면은 그 결정권자를 이리 데리고 와라", 여기서 자꾸, 여기로 통하고, 저기로 통하고 하면은 시간이 자꾸 걸리니 지금 한시라도 빨리 아이들을 구해야 하는데 자꾸 여기 결재받아야 되고, 저기 결재받아야 되고 그런 식의 얘기만 계속하다 보니까 "그럼 그 책임자를 데리고 와라"고 얘기를 했더니 온 게 이제, 한참 뒤에 온 게 김수현 해경청장이 왔던 거죠, 서해[지방해경]청장.

44

시연 엄마 윤경희

그래서 이제 김수현 서해청장이 도망가려는 거, 와서 이제 막 얘기하고 있다가 도망가는 거 저희가 붙잡고 있었어요. "제대로 이렇게, 저기 제대로 작업할 때까지 얘 붙잡고 있겠다"라고 붙잡고 있었는데, 지금 뭐, 계속 우리 앞에서는 전화로 "빨리 뭐 이렇게 하라"고, 하라고 막 이렇게 얘기는 해요. 얘기는 하는데 그게 지금 생각해 보면 다 쇼였던 거예요. 전혀 그렇게 되지 않았는데, 그 사람이 거기서 전화로 시킨, 시킨, 시켰던 것이 되지 않았는데…, 지금 그 조사 결과나 이런 거에 다 나오잖아요. 그래서 그때 처음에는 솔직히 첫날에 차웅이 나오고 그랬을 때는 "아, 저 어떡하냐. 저 엄마 어떡하냐" 이랬어요. (면담자 : 어떻게 얘기 들으셨나요, 차웅이 나온 소식은? 그때 버스를 안 타고 가시고 자차로 가셨잖아요) 라디오로 들었죠. (면담자 : 라디오로. 아, 그니까 가면서 계속) 라디오를 계속 틀어놓고 갔어요.

그리고 병원은 우리 언니가 담당해서 병원을 다 뒤지고 있었고, 학교에서는 우리 형부가 학교를 지키는, 상황을 지켜보고 있었고, 얘네 아빠랑 저는 밑에 내려가 있었죠. 제 동생은 집에서 우리 딸을 보고 있었고, 그런 상황이었어요. 그래서 얘네 고모가 또 일본에 살아요. 근데 그 배가 일본에서 온 거잖아요. 근데 일본에서는 또 일본 나름대로 보도가 나갔을 거 아니에요. 일본에서 그 배를 만들었으니까 그 배에 대해서 잘 알기 때문에 일본에서 와서 도와주겠다고 했는데, 우리나라에서 거부를 했다는 거예요. 그래서 얘네 고모가 화가 나서 한국에 쫓아왔어요. 그래서 그다음 날 바로 고모가 팽목항에 와 있었죠.

면담자   학교에 가셨을 때부터 쭉 이제 팽목에 오셨을 때까지 이야기를 들었는데요. 몇 가지 조금 더 구체적으로 여쭤볼게요. 학교에 도착하셨을 때가 그러니까 아까 시연이와 통화를 한 10시 3분, 4분 정도에 하셨다고 하셨고요. (시연 엄마 : 그때 끊었죠) 그때 끊고, (시연 엄마 : 10시에 딱 통화가 됐어요) 네. 그리고 학교에 도착하셨을 때가 혹시 몇 시 몇 분쯤이었나요?

시연 엄마   그건 정확히 모르겠고, 11시 안에 도착했어요. (면담자 : 11시 안에) 왜냐면 제가 운전을 못 하는 상태여서 저희 언니가 와서 저를 학교에 데려다줬거든요.

면담자   그럼 학교에서의 상황은 어땠나요? 학교에서의, 딱 가셨을 때 아니면 정문부터 어떠한 사람들이 있었고, 그리고 학교에 들어가신 다음에 먼저 교실로 가셨나요? 그런 상황에 대해 조금 더 상세히 설명해 주시겠어요?

시연 엄마   솔직히 아무것도 보이지 않았고요. "2학년 몇 반, 몇 반, 거기에 학부모들 모여라" 해가지고 그 반으로 쫓아갔던 기억이…. 그때가 2학년 4반이었나? 막 이랬던 거 같아요. 그래서 막 쫓아 올라갔는데 거기에서 이제 기자들이 우리한테 막 심정을 물어보고 이랬었어요. 그래서 얘네 아빠가 기자들이랑 싸우고 막 그랬었거든요. 그 사람들한테 "지금 그런 거 물어보고, 우리 사진 찍고 이런 거, 사진 찍지 마라" 이러면서 이제 그 교실에서는 약간 그렇게 많이 다툼이 있었던, 있었고, 그 학교[에] 도착해서도 아이들한테 계속 전화하고 했는, 했었죠. 이제 그 교실에서 있다가 강당으로 모이게 했어요. 솔직히 아까 뭐 주위에 누가 있었고, 입구에 누가 있었고 물어보셨는데, 저 하나도 기억이 안 나요, 그거는. 왜냐면은 그런 생각을, '옆에 누가 있지?' 이거를 볼 겨를이 없었어요. 볼 겨를이 없었고, 빨리 내가 얘네 아빠 옆으로라도 가 있어야 될 거 같았었고, 학교에 가서 뭐라도 얘기를 듣고 싶었어요. 왜냐면 우리는 학교에 우리 시연이를 보낸 거지, 얘 혼자 놀러 보낸 게 아니잖아요. 그래서 학교에 가면은 뭔가 이렇게, 이렇게 바로 연락이 되지 않을까 싶어서 학교로 무조건 그냥 얘네 아빠 있는 데로 우리 언니가 데려다, 진짜 부축을 해서 막 이렇게 올라갔죠. 올라가서 있었는데, 뭐 기자들이 자꾸 와서 찍어대고 막 말도 안 되는 거 물어보고 해가지고 막 거기에서 유가족들이랑, 거기 있던 부모들이랑 막 싸우고 이런, 이렇게 우왕좌왕하고 있었는데, 갑자기 "강당으로 모이라"고 하더라구요.

그래서 강당에서 그 뉴스 기사, 배 침몰되고 있는 기사, 막 그런 거 그 TV 화면으로 이렇게 계속 그걸 틀어줬어요. 그러면서 그 밑에 이제 "단원고 학생들 전원 구조" 그러니까 가족들이 "와" 이러면서 또 박수 치고 또 막 이렇게 했겠죠? 그랬더니 어떤 아버님이 나와서 "저거 다 거짓말이다" 뭐 어쩌고 어쩌고 얘기하니까 또 한 사람은 나와가지고 "지금 저거 다 구조될 수 있다. 큰 배가 저렇게 뭐 할 수가 없다. 내가 뭐 배에 대해서 잘 아는데…" 막 또 이렇게 떠드는 거예요. 근데 저런 소리들이 듣기 싫은 거예요. 그냥 다 거짓말 같은 거예요. 왜냐하면 나는 지금 단원고에 있는데, 단원고 측에서 "아이들이 전원 구조됐다"고 저렇게 얘기를 하는 게 우리는 단원고에 있으면서도 그 얘기를 못 들었는데 어떻게 기사에서 먼저 단원고 측에서 아이들이 전원 구조[가] 됐다고 말을 할 수가 있는지…. 그렇잖아요, 상식적으로. 학교에, 학교에서 우리랑 같이 있는 사람들은 그걸 모르고 있는데, 그래서 믿어, 믿어지지 않았어요.

그래서 그냥 얘네 아빠한테 바로 "우리 그냥, 우리가 내려가자. 저거 듣고 있지 말고" 그리고 사람들끼리, 부모들끼리도 또 이게 뭐 의견들이 다 틀리다 보니까 (면담자 : 옥신각신) 옥신각신하는 거죠. "아, 저거 다 전원 구조 됐대" 그랬더니 아니라고 하는 사람도 있고, "아, 저 큰 배가 다, 저 큰 배가 이렇게 빨리 쉽게 저렇게 될 수가 없다"라고 얘기하면서 "뭐, 당연히 다 구조될 거고" 이렇게 얘기하는 사람도 있고 하는데, 이게 정확한 말은 하나도 없는 거잖아요, 내가 눈으로 직접 보지 않는 이상. 그래서 저는 어떻게 해서든지 빨리 그곳에 가서 나는 우리 아이를 데리고 오고 싶었어요. 그래서 그냥 나왔어요. 그 상황이 종료되지 않은 상태에서 그냥 나와서 집에 와서 아이 갈아입을 옷만 챙겨가지고 바로 진도로 출발했었어요.

면담자   강당에서 어떤 분이 올라가셔서 어떤 이야기를 하셨다든지, 그런 장면에 대한 기억은 있으신가요?

시연 엄마   저는 중간에 나와가지고 끝까지는 안 봤지만 8반에 승현이 아빠가 올라가서 "자기가 배에 대해서 잘 아는데 저 큰 배가 저렇게 쉽게 저거 될 수 없다. 우리 아이들은 다 구조될 거다"라고 그렇게 얘기했던 거 기억나요.

면담자   아, 그렇게요. 그러면 중간에 나오셔서 차를 타고 이제 아버님이랑 같이 진도에 내려가셨잖아요. 내려가셨을 때, 도착했을 때는 어느 정도 시간이 됐는지 기억나세요? (시연 엄마 : 3시쯤) 3시쯤 도착하셨어요? 그럼 3시에 도착하셨을 때 (시연 엄마 : 체육관으로 갔어요) 진도체육관으로 가셨을 때 그때는 거기에 혹시 체육관 안에 아까 생존 학생 이야기는 하셨는데요. 그 주변이라든지 혹시 다른 게 기억나시는 건 없나요?

시연 엄마   저희가 책임자를 찾았죠, 가면서. "여기 담당하고 있는 사람들이 누구냐?"고 물어봤는데, 뭐, 뭐 저기 뭐야, 구조대, 119 구조대 옷 입은 사람도 있고, 경찰 옷 입은 사람도 있고, 뭐 여러 사람들이 쭉 있었어요. 있었는데, 이 사람은 "이 사람한테 물어보라"고 그러고, 저 사람은 "저 사람한테 물어보라"고 그러고, 또 이 사람은 또 "이 사람한테 물어보라"고 그러고, 또 마지막에 있는 사람이 그렇게 얘기한 거예요. "지금 아이들이 백칠십몇 명이 구조되어서 오고 있으니까 좀 기다려라" 그렇게 얘기를 했어요. "그럼 배는 어디로 들어오냐?", "팽목항으로 들어온다" 그 얘기만 들었어요.

면담자   그렇게 말한 사람이 구조대원 옷을 입고 있었던 사람인가요? (시연 엄마 : 아니에요. 아니에요) 아님, 그럼 경찰이었나요? (시연 엄마 : 일반 옷 입고 있었어요) 일반 옷을…. 아, 체육관 안에서 그런 사람들을 보신 거네요?

시연 엄마   체육관에서 그 사람들을 봤어요.

면담자   그 사람들을 보신 거. 그리고 아이들이 있었는데, 그 생존자 아이들이 어느 정도 있었던 걸로 기억하시나요?

시연 엄마   아이들, 생존된 아이들이 몇, 꽤 있었죠. 거의 다 거기 칠십몇 명 그쪽으로 다 옮겨진 상태였어요, 다친 아이들 빼고는. 다친 아이들은 병원에 가 있었고….

면담자   그럼 거기서 물어보시고, 몇 명은 대답을 안 해주는 친구도 있고, 대답해 주는 아이도 있었고요?

시연 엄마   한 명이 대답을 안 해줬고, 또 그 반장이었던 애는 "제 뒤에 있었다" 뭐 이렇게 얘기를 했고, 그 친구는 이제 나중에 시연이가 영상을 세 개를 찍었었거든요. 보니까 진짜 시연이랑 방에 같이 있었더라구요. 그래서 나중에 이제 그 친구 엄마한테 얘기를 들었을 때 그 방에 시연이 영상에 보면 아이들이, 방송이 계속 나와요. "움직이지 말고 가만히, 가만히 있어라" 이런 방송이 나오니까는 아이들이, 자기네들이 "아, 미친 거 아니야? 왜 가만히 있으래? 저러고, 저러고 지들만 살아 나가는 거 아니야?" 이렇게 하면서 얘기를 해요. 그러고 나서 그 영상에는 그렇게 나오면서 애들이 배가 기울어지니까 거기를 막 기어올라 가고, 그 기어올라 갔던 애가 그 반장 아이예요. 그때 시연이는 계속 영상을 찍었던 거죠, 시연이 카메라로 찍었으니까. 그랬는데, 그 친구가 반장이잖아요. 그래서 한 친구랑 같이 "야, 내가 상황을 보고 올게" 그러고 그 친구랑 둘이 나온 거예요. 나오다가 갑자기 물이 확 들이친 거죠. 〈비공개〉

6
팽목항에서 시연이를 데려와 안산에서 치른 장례

면담자   그러면 진도체육관에서 이제 팽목항으로 가셨을 때는

팽목항에는 아까 그 구급차 한 대 말고는 다른 것은 보이지 않으셨다
고 하셨죠?

시연 엄마　　구급차 한 대 있었구요. 그다음에 그 119 구조대원 아
저씨가 이렇게 하고 있었죠.

면담자　　다른 일반 분들, 예를 들어서 단원고에서 내려왔다거나
혹은 다른 가족들은?

시연 엄마　　없었어요, 없었어요. 가족들은 거의 저희가 먼저 갔다
고 치면 돼요. 그러고 나서 몇 명씩 오기 시작했어요. 오기 시작했고,
그다음에 그, 그래서 그 119 구조대원하고 얘기를 다 하고 나서 이제
우리가 그런 얘기들을 하고 유가족들 옆에 있던 다른 부모님들한테
얘기를 해서 같이 이렇게 배를 타고 갔어요.

면담자　　같이 서망항 쪽으로 움직이신 건가요? 서망항에는 그
때 같이 맨 처음에 움직이신 가족은 몇 가족 정도 되셨나요? 그 배를
처음에 빌려가지고 탔을 때요.

시연 엄마　　딱 10명 갔어요. (면담자 : 딱 10명) 네, 네, 그 기자까지
10명.

면담자　　네, 알겠습니다. 그러면 4월 16일 날, 아까 밤에 이제
김수현 해경 서해청장이 (시연 엄마 : 걔는 그다음 날 왔을 거예요) 아, 그
럼 17일이네요. 그러면은 16일 도착한 그날 밤에 일어난 일에 대해
혹시 좀 더 기억나시는 게 있으신가요? 그날 밤에 좀 비가 오기 시작
했고, 천막들이 16일 밤에 하나둘씩 생기기 시작했던가요?

시연 엄마   어, 천막도 없었어요, 첫날은. (면담자 : 첫날은요) 네, 없었고, 그 대기실 있잖아요, 팽목항에, 그 팽목항 대기실. 거기, 거기에 이렇게 들어가 있었던 거 같아요. 그래서 이제 천막이라고 치면 진도에서 이렇게 그거 거기에서 천막을 쳐준 게 아니라 그 우리 추울까 봐 이불, 이불 이렇게 갖다주셨던 분들이 있어요, 첫날. 그래서 그 이불을 이제 하나씩 다 나눠주는데, 저는 그 이불을 이렇게 덮을 수가 없었어요, 추워도. 그래서 이불을 계속 끌어안고 다녔어요. '우리 딸 나오면 추우니까 덮어줘야지. 덮어줘야지' 하고 그 이불을 이틀 동안 진짜 안 덮고 가지고, 이렇게 끌어안고 있었던 거 같아요. 근데 3일째 되는 날 제 동생이 옷가지랑 이런 거를 다 싸가지고 내려왔죠, 제 동생 부부가.

면담자   그러면 가족들이 이제 그날 밤이 되면서 점점 많이 모이시게 되잖아요. (시연 엄마 : 네, 그랬죠) 그러면 팽목항의 밤 상황에 대해 혹시 기억나는 게 있으신가요? 또 다른 어떤 일들이 벌어졌는지?

시연 엄마   저녁에 그러니까 그날 저녁에 뭐 시신이 나오고 막 이런, 이런 게 있었어요. 그래서 이제 시신을 그쪽으로 데리고 온 건 그 다음 날이거든요. 그래서 그날 저녁에는 우왕좌왕하고 언론들, 언론들이랑 막 싸우고 막 약간 너무 정신이 없었던 거 같아요, 첫날. 그리고 저희[가] 그 잠을 잘 수도 없었지만, 자고 있는 사람도 없었고. 그 다음에 천막 자체가 밖에도 하나도 없었어요. 그리고 그 이렇게 둥근 경찰 모자를 쓴 아저씨가 "여기 책임자가 누구냐?"고 했을 때 그 사람이 자기가 책임자라고 했고, "당신은 뭐냐?"고 했을 때 파출소 소장이었어요. 파출소 소장이 거기 자기, 그 자기가 담당자라고 그렇게 와 있었어요. 그래서 그 담당자, 그 천막[이] 처지고 했던 거는 거의 다음 날이었던 거 같아요, 제, 제 느낌에. 첫날은 아니에요. 그래서 그다음 날부터 거의 가족들이 많이 싸웠고….

또 문제는 뭐냐면 그때 18일에, 그다음 날, 그다음 날 17일에 시신 두 구가 또 발견이 됐죠, 17일에. 그래서 그게 아마 최혜정 선생님인 가, 최혜정 선생님이랑 또 다른 여자아이 한 명이었어요. 근데 그 시 신을 유가족들이 있는 팽목항으로 안 데리고 오고 바로 데리고 가, 나 간 거죠. 그래서 우리가 반발을 했죠. 그래서 앰뷸런스, 시신을 태운 앰뷸런스를 다시 팽목으로 불렀어요. 그래서 다시 다 가서 이제 확인 을 했죠, 그 시신이 누군지. 그래서 확인을 했고, 저는 이제 그 팽목항 에 들어왔던 시신을 한 명도 안 빼고 저는 다 봤거든요, 남자고 여자 고 간에. 우리 딸이 머리가 짧았으니까, 그래서 저는 그 시신을 다 봤 어요, 들어오는 족족이. 그래서 또 많은 사람들이 "여기는 되게 불편 하니까 체육관으로 갔다가 뭐 낮에는 일로 오고" 이렇게 얘기를 했는 데, "애가 여기로 들어오는데 왜 체육관으로 가냐" 하고 저는 계속 팽 목항에 있었어요. 체육관에 한 번도 안 갔어요, 그 뒤로. (면담자 : 그 럼 시연 어머님, 아버님 두 분 다 계속 팽목에 계셨어요?) 네, 계속 팽목에 있었어요, 저희는.

우리 올케네 가족도, 우리 오빠네 가족도 계속 팽목에 있었고 그 래서 오빠 친구가 UDT[해군 특수전전단]에 있는 사람이 있어서 그쪽 사람[을] 통해서 또 저희는 그 상황을 좀 얘기를 좀 전해 들었어요. 그 사람이 "지금 시신 몇 구가 올라왔다" 얘기가 있었고, 또 오빠 친구 중 에 또 간호사가 있었어요. 남자인데도 간호사, 경력이 좀 많은 간호사여서 시신이 올라오면 이런 구강 상태나 뭐 이런 걸 좀 기록하고 하는 그런 봉사를 또 거기서 하고 있었어요, 그 오빠, 오빠 친구가. 그래서 이제 그런 데 쪽에서 정보를 조금 저희는 얻고 있었고, 그렇기 때문에 더 팽목항에 있었죠. 그리고 아이들이 그 옆에 항구로 들어오기 때문에 배가 들어오는 항구 쪽에 저는 계속 있었어요, 항구 쪽에서.

면담자   그러면 팽목항에 계셨던 동안에 혹시 기억나는 사건이라든지, 아니면 가족들이 한 열두 분 정도 모여서 집행부 비슷하게 꾸려서 해경들이나 이런 사람들하고 토의도 하고 뭐 싸우시기도 하고 이랬던 그런 기억들이 있으신가요?

시연 엄마   집행부를 꾸렸고는 모르겠는데, 얘네 아빠가 나서서 일을 많이 하긴 했어요. 그 YTN이랑 합의 보는 과정에서도 얘네 아빠가 나서서 했고, 그다음에 인터뷰, JTBC랑 인터뷰 같은 것도 얘네 아빠가 다 한 거거든요. 그 손석희 씨 뭐랑 인터뷰했던 것도 다 얘네 아빠예요. 그래서 그 저는 솔직히 잠도 한숨도 못 자고 너무 먹지도 못하고 해서 맨날 그 아이가 들어오는 그 항구에만 쭈그리고 앉아 있고, 그래서 제 동생이 막 이렇게 끌고 오고 자원봉사자분들이 와서 죽 떠먹이고 이러고, 회의하고 있으면 가서 뒤집어엎고, 저는 그러기만 했어요. 왜냐면 한 3일째 되는 날 천막이 세워졌어요. 세워졌고, 거기에 상황실이라는 이름이 붙여졌어요. 근데 그것도 우리가 다 만든 거지 누가 와서 해준 게 아니란 말이죠. 그러고 나서 천막이 또 이렇게 유가족들 쉴 수 있는 이런 천막이 세워졌어요. 그게 한 3일째 되는 날부터였어요.

그래서 우리도 이제, 우리도 식구들이 많으니까 저쪽 한편에, 또 그 천막에 자리를 잡았죠. 자리를 잡고 있었고, 그때 이제 집행부를 꾸렸는지 어쨌는지는 모르겠지만 아무튼 얘네 아빠는 맨날 거기 가서 회의를 하고 있었어요. 그래서 저는 우리 제부가 저를 계속 컨트롤하고 있었죠, 옆에서. 그래서 지금도, 처음에 이제 올라왔을 때 제부가 내 남편인지 아는 사람이 굉장히 많았어요, 둘이(웃음). 내 옆에 딱 항상 따라 붙어 다녀가지고, 어떻게 막 할까 봐 걱정되어서…. 이제 그랬는데, 얘네 아빠는 항상 그 나가갖고 계속 회의하고 있고, 뭐 인터뷰하고 있고 막 이랬어서, 저는 뭐 그거에 대해서는 정확히는 잘 몰라요.

면담자   그러면 시연이를 만나던 그날에 대해서 힘드시겠지만 말씀해 주시겠어요?

시연 엄마   그날 이제, 아이들이 처음에는 한 3일째 되는 날만 되더라도 아이들이 살아 있을 거라는 생각을 했어요. 그리고 나서 이틀째 되는 날, "아이들이 3층에 살아 있다"라면서 살아 있는 아이들 명단을 이렇게 발표를 했어요. 근데 거기에 우리 시연이가 있는 거예요. 근데 우리 예지는 없었어요. 그래서 좋아할 수도 없었고, 뭐 아무 저것도 할 수도 없었는데, 아무튼가 기대는 하고 있었을 거 아니에요. 근데 무슨 뭐 골든타임이 뭐 몇 시, 며칠이고, 몇 시간이고 막 얘기하는데, 시간은 자꾸 흐르는데 구조하는 저거는 없는 거예요. 안 보이는 거예요. 그래서 20일 날 밤에 제가 이제 시연이가 스피카라는 가수[그룹]를 되게 좋아해요. 그래서 제가 처음으로 씻었어요, 그날. 20일 날 처음으로, 거기 간 [이후] 처음으로 씻어, 씻고, 그 시연이가 제일 좋아하는 박나래라는 연예인이 있거든요.

그리고 우리 시연이가 트위터를 되게 많이 했던 아이예요. 그리고 그 박나래 씨를 우리 시연이가 만나고 온 적이 있어요, 그때, 세월호 참사 나기 바로 전에. 그래서 박나래 씨한테 "우리 시연이 기억하느냐?"고 물어보면서 "언니가 기도해 주면 우리 시연이가 더 빨리 나오지 않을까요? 우리 시연이[가] 지금 세월호 바다 안에 있다"라고 얘기를 했는데 바로 거기다 답도 달아주고 하더라구요. 그러고 나서 그다음 날 됐는데 아침에 이제 아이들이 몇 명이 올라왔어요, 세 명인가. 21일 새벽에 (면담자 : 21일 새벽에) 올라왔어요. 올라오고, 저녁이 됐을 때, 또 네 명이 올라왔다는 거예요. 그래 가지고 그 상황판 있는 데로 막 뛰어갔죠. 뛰어갔는데, 77, 78, 79가 붙어 있고, 네 명 나왔다는데 80번이 안 붙어 있는 거예요. 그래서 그걸 기다리고 있었죠. 일단 77, 78, 79는 우리 딸이 아니었어요. 근데 저쪽에서 어떤 남자가 종이를 이렇게 한 장 딱 들고 오는데 이 밑에 깨박이 목걸이가 보이는 거야. 그래서 내가 (놀라는 표정을 지으며) "붙이지 마시라"고, "그거 우리 딸이에요. 붙이지 마시고 저 주세요"라고 제가 거기서 막 소리를 쳤어요.

그랬더니 이제 "보지도 않았는데 그걸 어떻게 아냐?"고 해서 우리 제부가 가서 그걸 뺏어 온 거예요. 얘네 아빠는 그때 JTBC 인터뷰, 인터뷰 준비 중이었어요. 인터뷰 준비 중이어서 우리 제부가 그, 이 종이[를] 받자마자 "우리 시연이 맞네"라고 소리를 쳤고, 내 동생이 가서 얘네 아빠를 데리고 왔죠. 그래서 그때 이제 인터뷰가 무산이 되어서 손석희 씨가 울먹이면서 "인터뷰하시려고 하시는 분 따님이 지금 나오셔서…" 막 얘기해서 그 기사를, 그 뉴스를 보고 시연이가 나온지 사람들이 다 안 거예요, 내 주위 사람들이, 따로 연락하지 않았어도. 그래서 이제 안산에서는 장례식장을 빨리 다 우리 친척들이 알아봐서 다행히, 장례식장이 거의 없었거든요, 다행히 우리는 바로 장례를 치를 수 있었는데, 아무튼 그렇게 해서 얘네 아빠가 와서 시연이를 그때, 그때가 7시였거든요. 근데 9시 좀 넘어서 이제 도착을 했어요. 시신이 도착을 해서 그때 이제 시연이를 만났죠.

면담자   그때는 아직 DNA 검사라든지 이런 것을 하지 않았을 때인가요?

시연 엄마   DNA 검사를 이제 목포병원[에] 가서 채취를 해서 했구요. 그다음에 그 전전날 그 유가족들 다 불러다가 다 채취는 해갔어요. 엄마들 거를 다 채취를 해갔는데 그게 바로 안 된다 하더라구요. 근데 그때가 21일이었기 때문에 그때는 바로 아이를 데려가도 될 때였어요. 그래 가지고, 근데 이제 그때 올라갔던 가족 중에서 바뀐 아이들이 있었어서 그때부터 이제 DNA 결과[를] 확인하고 오는 거였어서…. 저는 바로 목포병원으로 119 타고 가서 시연이 검안 하고 그다음에 바로 안산으로, 그 119를 그대로 같이 타고, 시연이 손[이] 이렇게 녹는다 그래 가지고, 제일 세게 틀어놓고, 에어컨 제일 세게 틀어놓고 119 구조대 차를 타고 이렇게 안산으로 올라왔죠.

올라왔고, 근데 솔직히 너무…, 시연이를 찾았잖아요, 근데 우리 예지를 못 찾았잖아요. 그래서 막 안절부절이었어요 계속. 시연이를 찾은 상태였어도, 장례 치르는 내내도 예지가 아직 안 나왔기 때문에 우리 가족들은 다 계속 뉴스에만 이렇게 되어 있었고 했는데, 우리 ○○이가 굉장히 언니[를] 보고 싶어 했었거든요. 근데 언니가 제일 좋아했던, 언니가 잘 때 같이 잤던 인형을 끌어안고 영안실 앞에서 기다리고 있었어요. 근데 내가 이제 안산에 도착해서 ○○이한테 시연이를 보여주기 전에, 도착해서 시연이를 보려고 지퍼를 딱 여는데 오는 내내 너무 상해버린 거예요. 그렇게 [에어컨을] 세게 틀고 왔는데도 눈이 다 뒤집어지고 입에서 오물이 확 쏟아져 나왔어요. (울먹이며) 근데 그 상황을 ○○이한테 못 보여주겠더라구요. 그래서 영안실 문을 내가 꽉 잡고 있었어요, ○○이가 못 들, 못 들어오게. 계속 문고리를 잡고 흔드는 거예요, 자기 들어오려고. "○○아, 지금 언니 보면 안 된대. 언니 지금 씻어야 된대. 그래서 언니 다 닦고 그러고 다시 보자"라고 얘기를 했어요.

근데 그러고 나서 이제 돌아왔는데, DNA 결과가 안 나오는 거예요, 18시간이면 나온다는 DNA 결과가. 그래서 21일에 올라오고 23일에 장례를 치러야 되, 23일에 장례를 치러야 되는데, 24일이죠, 그러니까 24일에 장례를 치른 거죠, 2박 3일 동안. 저희가 21일에 애가 나와서 22일부터 장례를 치렀기 때문에. 근데 DNA 결과가 24일 밤 12시가 되어도 나오지 않았어요. 그래서, 그래야지 그 DNA 결과가 나와야 아이를 다시 볼 수 있거든요. 다시 보고 그리고 염한 다음에 그러고 나서 장례를 치러야 되니까, 그니까 ○○이는 계속 옆에서 이제 "언니 언제 보러 가냐?"고 "언제 보러 가냐?"고 이렇게 하고 있고. 근데 우리 ○○이가 정말 쉬지도 않고 상복 입고 제 옆에서 제 손 붙잡고 계속 거기 상주 자리에 있었거든요. 그리고 "엄마 힘드니까 절대 절하지 마. 그냥 서 있어. 목례만 해"라고 얘기하면서 제 손을 꼭 붙잡고 계속 제 옆에 있었어요.

그랬는데 DNA 결과가 안 나와서 계속 기다리고 있는데 12시 조금 넘어서 이제 저희[가] 아는 분이 연락을 해줬어요. "어, DNA 결과가 나왔는데, 시연이가 아니래"라고 얘기하는 거예요. 그래서 "무슨 소리냐. 누가 봐도 우리 시연이인데" 그래서 막 난리를 쳤죠. 그랬더니 한 10분 있다가 다시 전화가 와서 "어, 시연이가 맞대"라고 얘기를 하더라구요. (면담자: 누가 그걸, 전화를 한 사람이 누구인가요?) 그때 국회의원 보좌관이었어요. 원래 알던 분이 미리 이제, 빨리 얘기를 해주려고 거기에 가서 이제 도와준다고, 거기 가서 이제 전화를 해줬던 거[예요].

　그래서 그때 이제, 그러고 나서 그때가 이제 새벽 1시 좀 안 되어서 이제 아이를 보러 들어가려고 준비를 하고 있는데 전화가 왔어요 팽목항에서, 예지 찾았다고. 그래서 이제 거기에 있던 부모, 다른 이제 우리 엄마나 그런 사람들은 다 "우리 시연이가 예지 불러주고 갔다"고, "우리 시연이가 예지 불렀다"고. 그때 이제 시연이가 맞다고 DNA 결과[가] 나오는 동시에 예지가 나왔다고 하고 하니까는 나이 드신 분들은 또 막 이렇게 얘기를 하더라구요. 그래서 그때 처음 이제 시연이 그날, 장례 치르는 날, 그날 DNA 결과가 나와서 그날 새벽에 이제 하고 그리고 그다음 날부터 예지 장례를 치렀어요. 예지는 이제 그날 새벽에 나왔지만 DNA 결과[를] 보고 올라와야 되어서 바로 장례를 치를 수가 없어서 그다음 날 올라왔거든요. 그래서 시연이 장례 치르고 그다음 날부터 바로 예지 장례를 치렀죠.

면담자　　　　참 가슴 아픈 이야기지만 제가 조금만 더 여쭐게요. 팽목에서 아이들이 올라온 다음에 아이들을 제대로 대우하지 않고 기자들이라든지 거기에 있었던 사람들이 했었던 그런 게 증언들이 나와요. 그리고 검안소에서도, 그러니까 목포병원에서도 아이들을 심지어 바닥에 내려놨다고도 하는데 어머니도 그런 광경을 보신 적 있으세요?

시연 엄마   우리 딸도 바닥에 있었더라구요. 나중에 사진을 저희가 받아봤어요. 바닥에 그냥, 그 그냥 뭐라 그러지? 이렇게 들개[들것] 있잖아요, 천 들개 같은 거? 이렇게, 이렇게, 이렇게 뭐지? 진짜 여기 끝에 요렇게 들게만 이렇게 (면담자 : 나무 손잡이 봉) 나무때기만 있고 이렇게 천으로 된, 그거를 그냥 거기에 애를 눕혀놓고 거기에 그냥 바닥에 그거를 두고 위에를 이렇게 홀딱 까고 밑에 바지 벗겨서 사진 찍고 막 그렇게 해놨더라구요. 그걸 검안이라고 했더라구요. 나중에 제가 그 사진을 해경에 요청해서 받았거든요. 그랬더니 그렇게 바닥에다 놓고 그렇게 찍었더라구요.

면담자   그리고 아까 어머님께서 팽목에서 아이들이 올라오는 모습을 다 보셨다고 하셨는데, 그때 올라온 아이들을 어떤 식으로 했길래 어머니가 직접 다 보실 수 있었던 거예요?

시연 엄마   처음에는 이제 17일에는 그렇게 막 시신을 가지고 가다가 막 그렇게 했다고 했잖아요. 그래서 18일부터는 시신이 두 구가 나왔다 하면은 119 구조, 구급차가 두 대가 준비가 되어 있고, 그 앞으로 남자아이는 이쪽, 여자아이는 이쪽 막 이런 식으로 해가지고 두 구씩 이렇게 해서 배에서 꺼내서 보여줬어요. 근데 그때만 해도 아이들이 뭐 손을 이러고 있다든가 다리를 이러고 있으면 그걸, 그 상태 고

대로 시신을 가지고 나왔어요. 가지고 나와서 아이들이 그때만 해도 입에 거품이[을] 물고 나온 아이들, 그다음에 뭐 피를 살짝 입에 이렇게 문 아이들, 그런 아이들이 주로 나왔죠. 뭐 손을 이렇게 하고 있다거나 이것도 고대로, 그 채로 데리고 나왔어요, 18일 때는.

근데 거의 20일 때, 20일쯤 될 때는 딱 일자로 펴가지고 손발 이렇게 가지런히 이렇게 해서 데리고 나오더라구요. (면담자 : 그럼 나와서 어디다가 아이들을) 나와서 처음에는 18일, 19일 때는 제가 아까 말씀을 드린 듯이 119 구조차로, "이 아이들을 확인해라" 거기서 부모들한테 (면담자 : 차 안에서?) 밖에서 그냥, 차 안이 아니라. 시신을 들고 이렇게 와요. 들어와서 밖에서 확인하고 내 아이[가] 맞으면은 그냥 119 타고 이렇게 가는 거예요. 그렇게 했었어요, 처음에는. 그렇게 하다가 나중에는 이렇게 뭐 이렇게 천막 같은 게 처지고 거기에 이제 10명씩, 10명, 12명 정도씩 이렇게 딱 꺼내 와서 그쪽에다 딱 눕혀놨죠, 다. (면담자 : 바닥에요?) 아니에요, 아니에요. 그건 바닥은 아니고 뭔가 이렇게 높지도 않은 이렇게 낮은 뭔가를 이렇게 해놨어요. 아이스, 드라이아이스 같은 걸로 해가지고 이렇게 해놨었어요.

면담자   아이의 장례 치르시는 것까지 이야기를 들었는데요. 그러면 그 이후에 시연이는 어디로 안치를 했어요?

시연 엄마   시연이는 서호추모공원에 이렇게 안치를 했구요. 예지랑 같이 나란히 하기 위해서 같은 자리에다가 했어요. (면담자 : 서호로 특별히 정하신 이유는?) 그래서 어… 그니까 솔직히 정신은 없었는데 하늘공원[안산시립납골당]은 밖에 있잖아요. 밖에 있고 볼 수가 없잖아요, 유리로 되어 있지 않아서. 그래서 조금 그게 싫었어요. 꼭 막혀 있는데다가 그냥 이렇게 집어넣는 거 자체가. 그래서, 그리고 또 효원 [납골공원]보다는 서호가 더 밝고 그래서 저는 그냥 서호로 했던 거 같아요. 근데 시연이가 서호로 해서 예지도 시연이랑 같이 그냥 자동으로 서호로 오게 됐죠. 지금은 서호에 없어요. 지금은 일산에 있어요. (면담자 : 예지랑 같이?) 아니요. 예지는 그냥 서호에 있어요. (면담자 : 아, 네. 어떤 이유로 옮기시게 됐나요?) 제가 아까 말씀드렸었잖아요. 우리 시연이가 중학교 때 정말 열심히 놀았고, 친구들 19명하고 친했다고. 그중에 한 명이 시연이 따라서 자살을 했어요, 그다음 해에. (울먹이며) 그래서 그 친구가 일산으로 이사를 갔었거든요. 근데 그 친구가 쌍둥이예요, 그 쌍둥이 언니거든요. 근데 걔가 2015년도 8월에 자살을 했어요. 그래서 개랑 같이 두려고 일산으로 데리고 가서 일산에 지금 그 친구랑 둘이 있어요.

7
가족대책위원회에서 가족협의회까지의 활동

면담자   그러면 지금부터는 4·16 이후에 현재까지 가족들의 투쟁 및 활동에 대해서 여쭤보도록 하겠습니다. 먼저 제가 이 질문을 하기 전에 어머님께서 가협의 간부로 어떤, 크게 어떠한 활동을 하셨는지를 먼저 조금 알고 나서 그다음에 각 시기별로 여쭤보려고 그래요. 제가 알고 있기로는 어머님께서 1기 때는 유가족대책위원회잖아요. (시연 엄마 : 네, 네) 있을 때부터 대외협력분과의 팀장으로 일을 하셨다고 제가 들었는데요? (시연 엄마 : 네, 맞아요) 아, 그럼 처음부터 하

시연 엄마 윤경희

시고 그다음에 그럼 2기, 3기 때는 어떤? (시연 엄마 : 계속 팀장으로 있었어요) 그럼 요번에 이제 부서장으로 (시연 엄마 : 네, 네) 하신 거군요. 그럼 알겠습니다. 그럼 2014년 5월 6일에요, '4·16세월호생존자·희생자·실종자가족대책위원회'가 발족하게 되는데요. 그 앞, 그에 앞서서 유가족 임시총회가 있었습니다, 올림픽기념관에서요. 혹시 그때 상황에 대해서 기억이, 그날 가셨나요? (시연 엄마 : 저는 다 갔죠) 그러면 시연이를 서호에 안치하고, 그다음에 이제 어떠한 계기에서 이렇게 활동을 시작하게 되셨는지, 그 과정과 활동하시면서 어떤 생각을 주로 하셨는지에 대해서 말씀해 주시면 좋겠습니다.

시연 엄마   솔직히 그 임시총회 때는 잘 기억이 안 나구요. 제가 이렇게 활동을 하기 시작한 거는 올림픽기념관에서, 올림픽기념관에 이제 아이들 분향소가 차려졌었잖아요. 근데 예지 장례[를] 치르고 나서는 좀 ○○이를 돌봐야 된다는 생각이 있었는데, 일단 ○○이는 학교 보내고 나서 [저는] 무조건 나와서 그 분향소에 있는 유가족 대기실이 있었어요. 거기로 무조건 나갔어요. 그냥 나가서 그냥 앉아 있었어요. 그래서 유가족들끼리 서로 이렇게 얘기하고 또 분향소에 수시로 들어가서 아이들 보고 이렇게 있다가 갑자기 어느 날 어떤 어머님이 진상 규명 얘기를 시작을 했죠. 그래서 "우리가 뭐라도 하자", "우리가 직접 손으로 피켓을 들어, 만들어서 우리 이거에 대해서 우리 특별법을 만드는 거를 요구를 하자"라고 얘기를 했고, 뭐 "서명을 받자" 막 이런 얘기도 했어요. 그래서 그때 바로 이제, 그리고 나서 바로 얼마 안 있다가 바로 이제 분향소가 화랑유원지로 옮겨지면서 그런 이야기가 나오기 시작했거든요, 바로.

그래서 올림픽기념관에 있을 때는 솔직히 그런 이야기는 안 나왔어요. '뭐 진상 규명, 뭐, 뭐 그거를 위해서 우리가 해야 되는 건 맞지만 그거에 대해서 우리가 어떤 행동을 해야 된다' 뭐 이런 거는 없었는데 그 화랑유원지로 오고 나서 그런 얘기가 나왔고, '그거에 대해서 우리가 뭐라도 할 수 있을까?'라고 생각해서 스케치북 같은 그 종이에다가 "우리 아이들 진상 규명해야 된다" 뭐 그런 식의 이렇게 피켓을 들고 거기 이제 분향소에 사람들이 많이 오니까 그 사람들 상대로 피켓을 드리기 시작했죠. 그러면서 이제 서명지도 만들어서 하면서, 그러면서 이제 운동가들, 우리가 말하는 소위 활동가들이 저희랑 같이 이제 몇몇이 이렇게 같이 붙었고, 그러면서 "이제 이 서명을 전국적으로 우리가 한번 해보자"라는, 그때 "서명을 하겠다"는, 그 "서명을 해보자"라는 그런 게 지금 유가족 분향소, 그 우리 분향소 거기서 시작됐어요.

면담자   시민 단체 활동가분들하고 같이 이야기가 됐던 건가요? 아니면, 가족분들이 그냥 스스로 그런 구상을 하신 건가요?

시연 엄마   처음에는 우리가 먼저 얘기가 나왔던 거죠. 그리고 우리 주위에는 우리를 도와주겠다는 변호사, 그런 분들도 많이 왔었어요. 그래서 처음에는 우리는 너무나 사람들을 못 믿었기 때문에 그 사람들이 뭐 민변[민주사회를 위한 변호사모임]이나 대한변협[대한변호사협회]에서 이렇게 나와서 유가족들이랑 상담도 해주고 뭐 이렇게 좀 도와주는 식으로 있었는데, 솔직히 처음에는 믿지 않았거든요. '재네들 분명히 뭔가 바라고 우리 옆에 붙어 있는 걸 거야'라고 이렇게 믿음이 거의 안 갔어요. 그리고 저는 그때 맨날 그 변호사들한테 외쳤던 게 딱 한 가지예요. 그 피켓 들기 전이었거든요, 그때는. 그때 내가 변호사들이라고 찾아왔길래 "지금 단원고 교사들, 교감부터 해서 통화기록부터 확보해 내야 되지 않냐? 그거 통화기록은 좀 시간 지나면 없어지는데" 그거를 만나는 변호사한테마다 다 얘기했어요. "그렇죠. 그렇지요. 그렇지요" [하고 답은 했지만] 그게 안 됐, 안 됐던 거죠. 저는 그게 지금도 이해가 안 가고 좀 화가 나요.

근데 이제 그렇게 해서 가족들이 이렇게 주축이 몇 명이 되어서 그런 서명을 시작했고, 또 우리 가족들이 그렇게 싸우고 있다는 얘기를 듣고 저한테 힘이 됐던 사람이, 딱 그 춘천, 인하대에 춘천 그 봉사 사건 났던 그 어머님이었어요.[2011년 7월 27일, 봉사활동을 갔던 인하대학교 학생 10명이 춘천 소재 펜션에서 산사태로 매몰되며 발생한 사망사고.] 인하대 봉사 그 유가족 어머님이 찾아오셨어요. 저희를 찾아오셔서 "자기가 이런, 이런 사람인데, 우리 얘기를 해주고 싶다" 어떻게 싸워오셨는지 막 이런 얘기를 해주신다고 해서, 그 어머님이 10번 오셔가지고 정말 1반부터 10반까지 반별로 다 돌아가면서 본인이 싸워오셨던 이야기, 그리고 이게 그냥 산사태가 나서 그렇게 아이들이 사망한게 아니라 허가, 허가를 해주면 안 되는 상태인 데를 막 허가를 해줘서 싸웠고, 이런 식으로 싸웠는데 정부에서는 우리한테 이렇게 했고, 막 이런 얘기를 해주셨어요. 이렇게 할 때는 이렇게 대처해야 되고 뭐 이런 방법 같은 그런 얘기를 좀 많이 해주셨죠.

그래서 처음에는 솔직히, 이제 처음이잖아요. 그런 뭐 유가족들을 만난 적, 만나본 적도 없고 뉴스로 그냥 살짝 스쳐서 봤던, 우리 같이 관심 없이 산 사람들은 그렇잖아요. 인하대 봉사단 산사태 이런 거 뭐 그렇게 생각 없이 이렇게 보고 왔다가 '아, 저것도 이제 저런 거구나' 라고 생각은 들지만 아무, 어느 참사 얘기를 다 들어도 내 새끼가 제일 불쌍하게 죽었고, 이 세월호 참사가 제일, 이게 제일 정말 그 아이들을 구조하지 않은 그런 나쁜 참사라고 저희는 생각하고 있었어서, 그때만 해도 그런 생각이었는데, 지금 생각해 보면 그 어머님이 제일 고마우신 분이에요, 제가 봤을 때. 근데 이제 그때 이제 그런 분들이 또 찾아오셨다는 걸 말씀드리려고 제가 이런 얘기를 하는 거구요. 그런 분들도 찾아오셨고, 피해자 인권 얘기하면서 인권 단체에서도 많이 찾아왔고 했어요.

그러면서 이제 저희가 그 서명을 받기 시작을 하면서 그것도 이제 뭐 도움을 받았겠죠. 제가 이제 그, 그 앞에 나서서 일하는 사람이 그 때는 아니었기 때문에 어떻게 진행됐는지는 잘 모르지만 무조건 하자, 가족들이 하자는 대로 저는 다 했어요. 피켓 들으라고 하면 나가서 다 피켓 들고, 그러면서 이제 그 여름에 그때 6월, 5월, 6월 때 이제 우리가 서명을 받기 시작했을 때, 그때 그럼 이제 "우리가 전국적으로 돌면서 서명을 받자" 할 때부터 이제 시민들이랑 같이하기 시작을 했던 거예요, 5월, 6월 이때부터. 그러면서 7월부터 저희가 이제 국회에서 노숙 농성을 했죠. 그 처음 시민들이랑 같이했던 게 솔직히 5월 8일이잖아요. 5월 8일에 그때 5월 7일, 5월 8일에 우리 KBS[에] 가면서 청와대에서 (면담자 : 김시곤 보도국장 발언에 대한 항의시위) 항의시위하고, 그러면서 이제 시민들이 '세월호 참사 부모님들이 이렇게 싸우고 있다' 이런 거를 솔직히 안 시점이 저는 그때라고 보거든요, 저희가 그때 처음으로 그렇게 막 움직이고 했을 때라서.

시연 엄마 윤경희

어, 그래서, 그러면서 이제 전국으로 서명을 다니면서 이제 그러면서 시민조직이나 이런 게 많이 생겼었던 거 같아요, 우리가 서명을 전국으로 다니면서. 그러면서 이제 국회 농성을 시작하면서 여러 단체에서 와서 이렇게 그때부터 우리를 많이 도와줬죠. 그니까 제가, 제가 이제 나중에 안 얘기는 무슨 우리나라에 무슨 뭐 인권연대, 뭐, 뭐, 뭐 무슨 연대, 무슨 연대 막 이렇게 뭐 주권연대 이렇게 막 있잖아요. 그런 데서 이제 파견[하는] 식으로 이렇게 거기서 사람들을 이렇게 보내서 "세월호 참사 이거를 뭘 도와주자" 이렇게 얘기를 했었다고 하더라구요, 나중에 안 얘기로는. 저는 그냥, 나는 그런 상황은, 사회 상황 이런 걸 다 모르니까 그냥 우리를 다 도와주러 온 사람들이라고만 이렇게 생각했던 거예요. 저는 전혀 이런 사회문제에 관심도 없었고, 해봤자 투표하는 게 다고, 뭐 누가 뭐 이렇게 막 싸우는지 이런 거 전혀, 이런, 이런 사안, 이런 거에 관심이 없이 살아가지고 무슨 단체가 있는지도 모르고, 뭘로 싸우는지도 모르고, 인권 단체가 뭐 하는 데인지도 모르고, 전혀 그렇게 살던 사람이라서 그냥 '그저 우리를 도와주러 오는 사람이겠거니' 이렇게만 생각을 했어요.

근데 어느 날 어떤 분이 얘기를 하시더라구요. "가족들이 어디에 와서 좀 얘기를 좀 해주시면 좋겠다" 이런 얘기를 했어요. 뭐 간담회나 발언 뭐 이런 요청이었죠. (면담자 : 그게 언제쯤인가요?) 그때 제가 들어, 제가 처음 갔을 때는, 때가 가을이었어요. 가을이었고, 그때 처음 갔을 때, 처음 간 엄마가 이제 3반에 예진이 엄마랑 도언이 엄마랑 저랑 셋이 쌍용자동차, 거기 평택에, 거기 갔던 게 제일 처음이었던….

면담자   3반 어머님들, 예전에 좀 친한 어머님들이 있다고 하셨잖아요? 그 어머님들을 통해서 서로서로 의견들을 교환하고 같이 대책위 활동에 참여하시는 방식으로 되셨는지, 아니면 그냥 개별적으로 여기 분향소에 오시면서 참여하게 되셨는지….

시연 엄마   저희가 활동하는 거는 반 모임과 상관없이 한 거죠. 그 반 모임을 한다고 팽목에, 아니 체육관을 오라고 했는데 제가 싫다 했어요, 저는. 나는 애가 여기 [팽목에서] 나오는데…. 〈비공개〉

면담자   네, 그러셨군요. 1기 대책위원장이 빛나라 아빠가 되셨잖아요. 그때 같은 반이시잖아요? (시연 엄마 : 네, 네) 그때 선임되었었던 과정에 대해서 혹시 기억나시는 게 있나요?

시연 엄마   어, 그 아빠가 팽목항에 있을 때 앞장서서 제일 많이 했어요. 해화 아빠랑 그 김병권 씨랑 얘네 아빠랑 같이.

면담자   그래서 이분이 되는 거에 대해서는 특별히 이견이 있거나 그렇지 않고 자연스럽게 그렇게 됐던 건가요? 어떤 식으로 결정이 됐던 건가요?

시연 엄마   제가 봤을 때는 거의 자연스러웠다고 봐요.

면담자   그리고 소위원회는 어떤 식으로 구성이 됐는지 혹시 기억이 나세요? (시연 엄마 : 어떤 거?) 대책위 안에 진상규명 소위원회, 심리생계 소위원회 같은 부서들을 우리가 만들자….

시연 엄마   아, 처음에는 부서가 이렇게 많지 않았어요. 그 부서는 중간에, 중간에 이제 우리가 국회에 있으면서 대외협력부서라든가 뭐 심리부서 그런 게 나중에 생긴 거고, 처음에는 뭐 저기 뭐지 대변인,

그리고 위원장, 부위원장 뭐 요 정도였었던 거 같아요, 제가 봤을 때. 그러다가 그해 겨울인가, 2014년 겨울인가 그때 이제 저희가 제대로, 부서별로 해가지고 임원을 뽑았죠. 그 처음에, 처음에 생겼을 때는 위원장, 부위원장, 대변인 이 정도였었고, 나중에 중간에 이제 국회에서, 국회에, 국회에 있을 때 대외협력부서장이 그때 처음 생겼었고, 그 사람이 또 중간에 사퇴하면서 또 겨울에 또 투표를 해가지고 또 했었고 그랬어요. 그래서 저는 제가 하면서 부서장을 네 명을 데리고 있었거든요. 그래서 제가 그걸 기억을 해요.

면담자   그니까 팀장은 계속 시연 어머니가 하시고, 부서장은 계속 바뀌는 그런 상황이었네요.

시연 엄마   네, 네. 왜냐면 제가 계속 안 한다 그랬어요, "나는 계속 이것만 하겠다. 내가 하던 것만".

면담자   1기 집행부 때는 맨 처음에 누가, 어떤 분이 부서장을 하셨나요? (시연 엄마 : 저는 이제…) 국회 농성할 때 대협부서는 만들어졌다는 말씀이시죠?

시연 엄마   네, 그랬어요. 그거는 이제 그때는 투표하지 않았어요. 투표로 부서장을 뽑지 않았던 거 같아요. "어, 저 아버님이 왜 저기서 저렇게 마이크를 잡아?" 했더니 빛나라 아빠가 "저 사람이 이젠, 지금 대외협력, 대외협력부서장 하라고 그랬어" 이렇게 얘기를 했었던 기억이 나거든요. 그때는 투표하고 그러지는 않았어요. 근데 그 아버님이 뭐라 그러지? 중간에 이제 그만뒀죠. 대리 뭐, 대리기사 폭행 사건으로 다, 그 한상철 [정무] 아버님도, 대외협력부서장이던 한상철 아버님도. 그때 한번 다 물러나면서 다시 새로운 집행부가, 그때, 그때 처음으로 부서장 뭐 이런 것도 거의 투표를 했던 기억이 있어요.

그래서 이제 그런 기억이 있고, 그때 이제 그다음에 뽑힌 게 동혁이 엄마, 김성실 씨, 동혁이 엄마가 됐고, 그러면서 이제 그 전부터 이제 간담회가 하나씩 들어오기는, 시작은 했었어요. 그러면서 "이거를 이제 누군가가 받아서 가족들과 연결시켜 주는 그런 일을 해야 되지 않나" 해서 그때부터 제가 그 일을 하기 시작했구요. 그러면서 가족분들이 못 가겠다고, 처음에 다 그렇잖아요. 그래서 뭐 다른 어머님들한테 "편지를 그냥 A4 용지에 써서 가서 그것만 읽고 오시면 된다"라고 얘기해서 가족분들[을] 이렇게 섭외해서 보내고 그런 일을 2014년도부터 [했어요].

면담자   그러면 그 2014년도. 그러면 그게 집행부죠? 여름 지나고, 소위 대리기사 폭행 사건으로 1기가 모두 사퇴하고 2기 집행부가 생기잖아요? 전명선 위원장이 된 (시연 엄마 : 네, 네) 그때 동혁 엄마가 이제 대협을 맡은 거죠?

시연 엄마   처음에는 동혁이 엄마가 했다가, 그 얼마 안 했어요. 2015년도에 초에 저희가 선거를 했거든요. 2015년도 초에 선거를 했을 때 그때 이제 은화 엄마가, (면담자 : 은화 엄마가) 미수습자 은화 엄마가 대외협력부서장을 했죠. 근데 거의 한 달 조금, 한 달 좀 더 하셨나? 그러고 그만두셨어요. 왜냐면 또 상황이 틀리잖아요, 미수습자[로서의 상황이]. 또 밑에[진도에] 또 일도 많으시고 해서 한 달 좀 더 하시고 그만두시고, 공석이었다가 다시 이렇게 뽑은 게 재욱이 엄마. (면담자 : 재욱이 엄마가 처음에는 심리생계 쪽을 하다가 대협으로?) 아니요.

그때 재욱이 엄마는 처음 집행부를 한 거예요. (면담자 : 그때 집행부를…) 그때 처음해서 15년도 중간에 은화 엄마[가] 그만두고 중간에 들어와서 했던 게 처음 집행부[에] 들어왔던 거예요. (면담자 : 그때 대협으로 들어왔군요) 네, 대협으로 해서 했는데, 16년도에 저희가 다, 그때는 뭐 1년에 한 번씩 이렇게 인원, 인원[을] 바꾸고 했을 때고, 가족협의회로 되기 시작한 때가 또 그때쯤이잖아요. 그래서 이제 그때 이제 뽑힌 게 경빈이 엄마가, 2016년도부터 경빈이 엄마가 했죠. 그니까 다 짧게, 짧게 했던 거예요. 동혁이 엄마, 재욱이 엄마, 은화 엄마는 다 짧게, 짧게 하고 경빈이 엄마가 2016년부터 이제 계속 18년도까지 [했던 거죠].

면담자   그리고 이제 어머님이 맡게 되신 거네요. 알겠습니다.

8
KBS 항의 방문부터 국회 및 광화문 농성

면담자   KBS 항의 방문 때는 기억나시나요?

시연 엄마   네, 네. 그때는 처음에는 이제 (면담자 : 어떻게 해서 가게 됐어요?) 그거 그 보도국장이 한, 한 말들 때문에 저희가 화가 나서 여기에서, 분향소 앞에서 항의를 하다가 "안 되겠다. 우리가 쫓아가자"고 한…, "와서 사과하라"고 했는데 그 사람이 하지 않았잖아요. 그래서 "우리가 직접 가서 사과를 받겠다" 해가지고 가는데 "그냥 가면 안 되겠다. 우리 아이들 다 데리고 가자. 우리 아이들의 명예를 훼손했으니" 그래서 아이들을 다 데리고 갔던 거죠.

면담자　　　7월부터는 국회에서 가족들이 오랫동안, 제가 알기로는 119일간 농성을 진행하셨는데요. 그 당시 특별법 제정에 대한 마음이라든지, 그런 걸 결정하시게 된 배경이라든지, 이런 것에 대해 가족들이 어떠한 이야기를 했었는지 말씀해 주세요.

시연 엄마　　　솔직히 저희 가족들은 그런 걸 잘 모르잖아요, 집에서 살림만 하고 내 아이만, 내 가족들만 위해서 살았던 사람이라서. 그래서 "특별법이, 진상 규명을 하려면 이제 제대로 수사할 수 있는 특별법이 있어야 되고 그 안에는 무조건 기소권, 수사권이 들어가야 된다"라고 우리 옆에서 도와주던 변호사들이나 활동가들이 이렇게 좀 조언을 해줬었죠. 우리는 솔직히 그거를 판단할 상황은 아니었잖아요. 그래서 우리도 이제 다 납득을, 납득이 되는 얘기이고, 그렇게 해야 될 거 같은 얘기였던 거죠. 그래서 '아, 이렇게 해서 할 수 있구나'라고 우리도 배워가는 과정이었어요. 그래서 "무조건 기소권, 수사권이 있는 특별법을 만들어야 우리가 제대로 된 진상 규명을 할 수 있겠다"라고 해서 그거를 위한 투쟁으로, 이제 국회에서 그게 통과가 되어야 되니까 국회에서 농성이 시작이 된 거죠. 그런데 뭐 제대로 되진 않았지만. 기소권, 수사권이 쏙 빠진 특별법이 만들어지긴 했지만….

면담자　　　그렇죠. 그때 어머니도 국회에 계속 계셨었나요?

시연 엄마　　　네, 저는 계속 있었어요.

면담자　　　그럼 국회에 계셨을 때 기억나는, 국회의원의 모습이라든지 아니면 가족들의 어떤 모습이 혹시 기억나는 거 있으신가요?

시연 엄마　　그때 이제 정말 많은 시민들이 찾아왔구요. 제가 기억하는 것만 얘기를 하면, 저는 이제 저 혼자 활동을 하고 얘네 아빠는 활동을 안 해요. 그래서 얘네 아빠랑 되게 많이 부딪쳤어요, 처음에. 그니까 얘네 아빠는 (면담자 : 함께 결정을 하신 건가요? 두 분이 상의를 해서?) 아니에요. 얘네 아빠는 팽목항에서 너무 많이 다친 거예요. 거기서는 정말 앞장서서 빛나라 아빠랑 같이 다니면서 계속 활동을 했는데 [돌아]와서는 "너네, 너가 걔네 이길 수 있을 거 같아? 절대 못 이겨. 아무것도 모르면서 분위기에 휩쓸려서 다니지 마. 집에서 애나 잘 봐" 이런, 이런 얘기를 계속 저한테 했어요. 그래서 이제 국회에 있을 때도 그런 얘기를 저한테 계속해 가지고 많이 싸웠어요, 얘네 아빠랑.

　많이 싸우고, 어느 날 또 국회에서 또 전화를 하더라구요. "너 계속 이렇게 집에도 안 들어오고 거기서 그렇게 하면 ○○이 누나한테 보내버릴 거"라고 막 이러면서. 누나가 일본에 있잖아요. (웃으며) 그래서 "보내. 나 ○○이 없으면 벌써 난 죽었어. 나 ○○이 때문에 그나마 남아서 싸우고 있는 거다. 나 벌써 시연이 따라갔다. 보내라"고 막 이러면서 싸웠는데, 또 보낼까 봐 겁나서 또 짐을 바리바리 싸가지고 내려갔는데, 정말 이틀 내내, 집에 있는 이틀 내내 울기만 했던 거 같아요. 그랬더니 우리 ○○이가 와서 "엄마 그냥 가면 안 돼? 엄마 그냥 서울에 가라"고 얘기하더라구요, ○○이가. 그래서 그냥 다시 짐 싸가지고 또 국회로 왔어요, 그 뒤로.

　그러면서 이제 그 전, 그 전에는 계속 거기에서 자고 뭐 계속 그렇게 했다고 하면, 그 일[이] 있고 나서는 집에도 잠깐씩 갔다가 오고 하는데, [국회로] 들어오는 게 쉬워지지 않게 된 거예요, 어느 순간부터 우리 가족들의 출입이. 그래서 정말 그 국회의원 보좌관 불러다가 [차] 트렁크에 타고 들어온 적도 있고, 어느 날은 정말 학원에서 일할 때처럼 정장 입고, 구두 신고, 화장하고 그러고 들어와서 옷 갈아입고 거기 다시 들어간 적도 있고…. 그렇게 하면 들여보내 줘요, 안 물어보고. 그렇게 해서 들어온 적도 있고, 그랬던 기억이 제일 되게…, 그래서 그렇게 힘들었던 기억이 제일 먼저 나고….

그다음에 또 하나는 재난 참사, 다른 재난 참사 가족들이 우리를 찾아와 줬던 그런 게 또 기억이 나요. 그래서 그 태안, 그 해병대 캠프 사건 아버님, 그 가족분들이 오셔서 그분들이 "아직도 국회 앞에서 농성 중이고 싸우고 계시고 있다"는 얘기를 들었고, 저희는 또 그런 게 기사나 이런 걸로 전혀 나오지 않기 때문에 그분들이 아직도 그렇게 싸우고 있다는 걸 몰랐었던 상태였어요. 그래서 '아, 그런 일이, 그런, 아직도 저렇게 싸우고 계시구나'를 알고 있었고, 또 그 옆에서 우리를, 우리를 기록으로 남기기 위해서 우리[의] 투쟁 모습을 이렇게 사진으로 찍고 이렇게 다니시는 분이 계셨는데, 저는 솔직히 국회에서 정말 많은 사람들이 와가지고 얘기 걸고, 말 걸고, 우리를 치료해 주겠다고 한의사들이 막 찾아오고 이랬을 때, 한의사, 나는 여기저기가 아픈데 이 한의사들, 한의사가 정말 이게 내가 나쁘게 생각하려고 해서가 아니라 나는 이 엄마하고 증상이 틀리거든요? 근데 그 사람은 다 답을 똑같이 해주는 거예요(웃음). 그래서 신뢰가 가지 않았어. 그래서 엄마들 몇 명이 링겔[링거] 맞고 이러고 있는데도 저는 안 한다고 안 받았어요.

사실 그리고 또 시민들이 또 막 찾아와서 자기 어디서 왔다 그러고, 또 기자들도 막 찾아와서 명함 주고 이런 사람들이 너무 많다 보니, 또 믿음도 안 가고 그래서 사람들이랑 대화하는 거 자체를 되게 저는 싫어했어요. 근데 어느 날 저희가 이제 바람개비를 이렇게 만들어서 국회 잔디밭에 꽂고 그런 일을 좀 했는데, 어느 여자분이 저한테 오셔가지고 인사를 하더라구요. 그래서 받는 둥 마는 둥 진짜 막 대답도 제대로 안 하고 했는데, 그분이 저한테 "어머님, 저는 사실 대구 지하철 참사에서 살아 나온 생존자예요"라고 얘기를 하시더라구요. 그래서 제가 놀래서 이렇게 쳐다봤죠. 솔직히 대구 지하철 참사가 일어난 줄은 알고 있었지만 그게 어떻게 처리되었는지, 거기 몇 명이 죽었는지 솔직히 기억이 나지 않잖아요, 무관심 속에서 살던 사람들은.

그래서 이제 그렇게 얘기를 하시면서 "저희 지하철 참사 났을 때는 이런 기록이 전혀 없고 했기 때문에 세월호 참사는 제가 할, 할 수 있는 게 사진 찍는 일밖에 없어서 이 세월호 참사의 가족들이 이렇게 싸우고 있다는 걸 기록으로 남기려, 남기기 위해서 제가 지금 여기에 왔다"라고 그분이 하셨어요. 그러면서 이제 그분이랑 말문을 트기 시작한 거예요. 그래서 그분, 그분이 이제 자기의 살아온 인생들, 뭐 결혼은 했지만 이 세상에서 아이를 키울 수가 자기는 없을 거 같아서 아이를 낳지 않는 이야기, 지금 어떻게 살고 있는 이야기들을 저한테 막 해주셨어요. 그러면서 이제 다시 우리 주위에 이렇게 온 사람들이랑 대화를 하기 시작한 계기가 됐던 거 같아요. 그분하고 대화를 하면서 그러면서 이제 다른 시민들도 그 뒤에 이렇게 와서 얘기를 하면은 말 들어주고 이렇게 했던 그런 기억이 있어요.

그리고 또 많은 뭐 국회의원들도 와가지고 막 나와서 인사하고,

또 막 이렇게 했겠죠. 그리고 국회에서 만약에 큰 회의가 있고 그러면 저희는 사람들이 많이, 국회의원들이 많이 올 테니까 그 사람들 보라고 그 사람들이 출입하는 입구에 피켓 들고 쫙 서 있고, 막 소리, 나쁘게 소리친 게 아니라 "뭐 해주세요. 뭐 해주세요"라고 요구하는 그런 얘기들을 많이 했었죠. 그러면서 우리 막 거들떠도 안 보고 가는 사람들도 있었고, 막 인사하고 가는 사람들도 있었고, 그러면서 상처도 많이 받고 이제 그랬던 기억이 있어요. 그리고 또, 또 일부러 나와서 인사해서 "뭐 불편한 건 없냐?" 막 이러면서 챙겨주고, 뭐 물 같은 거라도 사서 챙겨준다든가 이런 국회의원 분들도 몇 분 계시고, 밤에 또 적적할까 봐 야식 사가지고 이렇게 왔던 그 국회의원도 있고…. 근데 솔직히 저는 그런 국회의원들하고 말 한 번 섞지 않았거든요. 다 꼴 뵈기 싫었어요. 아무도 믿고 싶지 않았어요.

그래서 그랬는데 딱 제가 '저, 저 사람은 왜 맨날 와가지고 저렇게 야식을 사가지고 와가지고 같이 술도 먹고 왜 저러는 거야', 저는 절대 술을 안 먹거든요. 그래서 되게 싫어하는 한 국회의원이 있었는데, 그날 밤에도, 새벽에도 계속 거기서 술 먹고 막 그랬던, 깔깔거리고 그랬던 사람이 그다음 날 아침에 6시에 저를 이렇게 누워 있는데 이렇게 깨워요. 이렇게 딱 보니까 그 국회의원이에요. 그래서 이제 아무 저기, 뭐지, 그 전에는 맨날 등산복 같은 거 입고 와가지고 막 또 걸걸대고 하잖아요. 그랬는데, 그날따라 정장을 딱 입고 왔어요. 와가지고 ≪한겨레신문≫을 이렇게 딱 저한테 새벽 6시에 주더라구요. 그러면서 "오늘 이 ≪한겨레신문≫에 시연이가 나왔는데, 박재동 그 화가가 이렇게, 시연이가 나왔는데 시연이 엄마한테 제일 먼저 주고 싶어서 내가 가지고 왔어"라고 하더라구요. 그 전에는 그 사람이랑 저는 얘기 해 본 적이 없거든요. 그래서 진짜 되게 고마웠어요(울음). 근데 어떻 게 안타깝게 그 대리기사 폭행 사건이 나중에 터져가지고 조금 그분 이 그렇게 됐는데, 그랬던 기억이 나요, 그 국회, 국회에서는 크게 보 면은.

면담자　　　저도 봤던 기억이 나는데, 시연이가 약간 좀, 이렇게 머 리가 조금 짧잖아요. (시연 엄마 : 그렇죠) 그런 그림이었던 거 같은데…, 그 글을 보시고는 어떤 생각이 드셨나요, 박재동 화백의 그림과.

시연 엄마　　　글은 제가 쓴 거니까(웃음). 글은 제가 쓴 거니까 보고 뭘 느끼고 한 그게 없었고, 아무튼 간에 신문에 또 그렇게 나온다는 거 자체가, 신문에 또 아이가 있고 이런 거 자체가 조금 그랬죠(웃음).

면담자　　　청운동에도 가셨나요, 아니면 국회에 남아 계셨나요?

시연 엄마　　　저는 광화문에 많이 갔어요. (면담자 : 아, 광화문에 계셨 어요?) 왜냐면은 어, 그때 청운동에, 광화문, 국회 이렇게 되어 있었 죠. 근데 청운동에도 갔었고, 국회에도 갔었고, 광화문에도 갔었지만 광화문에 있는 가족들이 제일 적었어요. 그래서 저는 이제 광화문으 로, 이제 청운동에서 버스가 청운동으로 도착을 했었거든요. 가족협 의회에서 떠나는 버스가 있었어요, 가족들을 이렇게 태우고. 그래서 청운동에서 내려서 저는 광화문으로 이렇게 내려오고 했었고. 그때 이제 청운동에 영석이 엄마랑 순범이 엄마랑 몇 명, 네 명의 유가족 엄마들이 이렇게 있었고, 광화문에는 영석이 아빠랑 민호 아빠랑 이 렇게 있었고, 그 저기 유민이 아빠가 떠난 뒤에는 그렇게 있었잖아요.

유민이 아빠도 있었죠, 그때만 해도.

　　그리고 또 저희 오빠가, 예지 아빠가 유민이 아빠 바로 전까지 25일 동안 단식을 했어요, 거기에서. 근데 혈압이 너무 많이 떨어져서 우리 오빠를 저희가 끌고 내려갔죠, 더 하겠다는 거를. 25일 단식하고 지금도 몸이 많이 상해 있어요. 지금 전혀 활동은 하고 있진 않은데, 그게 후유증이 좀, 25일 정도 해가지고 좀 있더라구요. 그래서 그때 저는 그 유민이 아빠가 있었고, 또 영석이 엄마가 그 청운동에 있으면서 또 부탁을 했어요, "영석이 아빠 옷가지, 옷가지나 이런 거를 좀 빨아다 주면 안 되겠냐? 너 집에서 왔다 갔다 하니까". 그때 이제 저희 딸이 중3이었으니까는 왔다 갔다 했었거든요, 국회 있을 때 너무 집을 안 가가지고(웃음). 그랬는데 이제 영석이 엄마는 청운동에서 계속 자고 있었고, 저는 광화문으로 거의 출퇴근을 했죠, 매일 하루도 안 빼놓고. 그러면서 영석이 아빠 옷가지를 이제 갖다가 빨아서 갖다가 매일매일 그거 주느라고도 매일 갔죠, 광화문에. 그러고 나서 광화문으로 계속 바로바로 가다 보니까 제 차로 따로 다니면서 가족들이랑 같이 안 움직이고 따로 이렇게 하면서 다녔던 거 같아요. 그러면서 이제 가족들 간담회 섭외도, 광화문에 있으면서도 거기서도 이제 발언할 일이 많이 생기고, 그쪽에서 집회 같은 것도 많아서 그쪽에서도 가족들 와가지고 발언[을] 이렇게 해달라는 요청도 있고 그래서 광화문에 있을 때도 주위에서 요청이 들어오면 그쪽에 이렇게 가서 같이 발언도 하고….

9

유가족과 미수습자 가족들 간에 생긴 갈등

면담자 간담회 같은 걸 섭외를 시작하시면서 대협 일을 하시게 된 건가요? (시연 엄마 : 그랬던 거 같아요) 그 일을 이제 시연 어머니가 맡게 되시면서 자연스럽게 대협분과 같은 것도 생기고? (시연 엄마 : 대협분과는 원래 있었구요) 아, 그럼 대협분과는 있었는데, 광화문에서 유가족들 섭외를 하기 시작하면서 자연스럽게 팀장 역할을 시작하신 거네요?

시연 엄마 그게 어떻게 시작했는지 자세히는 기억이 안 나는데, 아무튼 간 어느 순간부터 제가 가족들[을] 섭외하고 있었어요(웃음). 근데 그때도 내가 부서장들이 하도 많이 이렇게 저기 해가지고, 하여튼 동혁이 엄마 있을 때 한 건 맞아요. 동혁이 엄마 있을 때 한 건 맞고, 근데 국회 있을 때 내가 가족들을 섭외를 했었거든요, 국회에 있을 때도. 그렇, 그렇게 생각을 해보면 또 그 동혁, 그 전부터 섭외를 했다는 건데…. 그니까는 제가 기억에 남는 게 그 준영이 엄마, 아빠가 간담회를 한 번도 가본 적이 없고, 우리는 다 간담회를 가본 적이 없죠. 그랬을 때 준영이 엄마한테 제가 국회에서 부탁을 했었거든요. "여기, 여기에서 이런 요청이 들어왔는데 한번 가주실 수 있으시냐" 그랬더니 "아휴, 못 간다"고, "나 그런 데 한 번도 안 가봤다"고, "그런 거 안 해봤다"고 하셨는데, "아, 그냥 A4 용지에다가 사진, 저기 글 편지처럼 써서 가서 그냥 읽으시기만 하면 된다"[라고 해서 갔는데] 그걸 계기로 지금 완전 베테랑이 됐죠, 그 부모님들이(웃음). "니가, 너 때문에" 막 이러면서 지금은 그러는데, 그때부터 다녔던 거 같아요.

면담자   그러면은 그때 뭔가 대협 팀장님이 되시는 계기가 있긴 있었겠네요. (시연 엄마 : 그랬겠죠) 그러니까 "그러면 그럼 시연이 어머님이 섭외하는 것을 맡아서 해주세요"라고 누가 부탁을 했으니까 (시연 엄마 : 동혁이 엄마가 했겠죠. (웃음) 같이 일하는 거는 동혁이 엄마가 처음이니까) 아, 네. 근데 아까 춘천 산사태 이야기도 하시고, 또 대구 지하철 생존자분하고 이야기를 나눴던 이야기도 하시고 보면은 진짜 대외협력과 관련된 어떤 감수성이라든지 이런 게 좀 남다르신 거 같아요. 그 일을 하시면서 특별히 뭐가 좀 기억나는 일들이 있으면 쭉 이야기를 해주서도 좋을 거 같아요.

시연 엄마   제가 이 대외협력 일을 하면서 초, 2014년, 2015년만, 이때만 해도 저희가 가족들이 하루에 간담회를 18군데에서 20군데씩 다녔어요. 그래서 좀 이렇게 여력이 되시는 분들 같은 경우는 지방에 한번 내려가면 1주일 만에 집에 들어오고 막, 하루 경남 지역을 한번 싹 훑고 온다든가, 그렇게 많이 들어왔으니까. 그렇게 해서 좀 가족들을, 가족들도 전라도 쪽은 전라도 쪽으로 (웃으며) 밑에서, 밑에서 이렇게 다 돌게 막 해서 조금 고생들을 많이 하신 가족들이 몇몇 분 계세요. 그니까 많이 그러지는 못하잖아요, 가까운 데는 이렇게 왔다 갔다 해도. 4반에 성호네, 최성호네 부모님이라든가 준영이네 부모님, 그다음에 오천이 형인 오현이, 그 사람들이 고생을 많이 했죠. 한번 내려가면 1주일씩 있다 오고 하니까(웃음). 제가 또 막 이렇게 연결해 가지고 "내일은 여기에 있고, 내일모레는 여기에 있으니까는 거기서 이렇게 주무시고 이렇게 이동해 주시라"고 부탁하고 그래서 그랬던 게 기억에 남아요.

처음에는 솔직히 힘들었거든요, 가족들 섭외하는 게. 왜냐면 가족들 성향을 다 모르고 그래서 좀 힘들었는데, 한 5개월, 6개월 지나니까 '아, 저 부모님은 고향이 저기니까는 저쪽에서 부르면 저 부모님이 가시면 되고, 아, 저 부모님은 무슨 요일에 아이가 돌아와서, 아이가 주말에만 오는, 그래서 주말에는 안 되고 뭐 언제 되고, 저 부모님은 직장은 다니시지만 저녁이나 뭐 주말에는 되고' 이런 게 파악이 되기 시작하는 거예요, 몇 개월 하다 보니. 그러니까 어디에서 이렇게 딱 간담회가 들어오면 '아, 여기는 이 부모님이 가시면 되겠다, 여기는 이 부모님이 가시면 되겠다' 이게 파악이 되니까 그렇게 어렵지는 않았어요.

그렇게 어렵지는 않았는데, 제가 이제 2014년도에 저희는, 저는 체육관에 한 번도 안 가봤다 그랬잖아요. 첫날 가고 안 가다가 저희 반에 지현이가 안 나왔었죠, 3반에. (면담자 : 황지현) 네, 지현이가 안 나왔었고, 그래서 이제 그때 지현이가 생일이었어서 저희가, 저희 반은 3반에서 이제 반별로 돌아가, 반에서 조를 짜가지고 조별로 돌아가면서 그 지현이 부모님이 옆에 있었어요, 3반은. 그래서 이제 그날 제가 가는 날이기도 했고, 그래서 이제 지현이 생일이니까는 주위 봉사하시는 분들이랑 같이 나눠 먹기 위해서 떡을 이제 진도에다가 맞춰가지고 내려갔었어요. 내려가서 이제, 딱 내려가자마자 근데 거기에 있는 변호사가 살짝 부르더라구요. "지현이가 나온 거 같다" 이러면서. (면담자 : 맞아요. 생일날에 나왔던) "나온 거 같다" 그래서 그날, 근데 이제 절대 티를 내지 못하겠는 거예요, 옆에 다른 미수습자 가족이 많이 있었기 때문에. 그래서 이제, 이제 떡이 왔어요, 눈치도 없이 (웃음). 눈치도 없이 떡이 왔고, 이제 지현이가 확인이 됐죠. 그러고 나서 지현이 어머님이 이제 힘드셔서 헬기[를] 못 타, 그때는 헬기로 아이들을 데리다, 헬기를 못 타겠다고 해서 나는, 나 진짜 그때 헬기 한 번도 안 타봤거든요? "그래? 그럼 언니 차 타고 와. 내가 지현이 데리고 갈게" 그러고 헬기를 탄 거예요, 한 번도 안 타보고(웃음). 그래서 내가 지현이 데리고 왔어요, 아버지랑 같이. 그래도, 데리고 이렇게 왔는데, 그때 이제 그 헬기 밑에서 손 흔들어주고 있었던 미수습자 가족분들이 이 가슴 속에서 계속 남아 있었어요. 너무 마음이 아팠어요, 나는.

그리고 그 지현이, 제가, 저희가 조별로 내려갔었다고 했잖아요. 조별로 내려갈 때마다 혼자 있던, 그 팽목에서, 팽목을 혼자 지키고 있던 은화 부모님이 되게 마음이 아팠는데, 그래서 지현이 엄마는 밥을 해서 아침마다 지현이, 그 팽목항에 있는 등대에다가 됐었거든요. 그래서 그때마다 제가 따라갔었어요. 그래서 항상 들러서 은화 엄마 한테 인사를 하고…. 친하지는 않으니까 같은 반도 아니고, 이렇게 연결고리가 없잖아요. 그래서 친하지는 않았지만 인사를 드리고 이렇게 했었, 했었는데, 그때 이제 그 밑에서 손 흔들고 계셨던 미수습자 가족분들을 잊을 수가 없더라구요. 그래서 이제 다시 한번 내려갔죠, 지현이 장례[를] 치르고 이러고 내려갔고, 어느 순간 이제 다윤이 엄마랑 은화 엄마랑 좀 가까워졌어요.

그때 이제 지현이[가] 나오기 전에 다윤이 엄마가 페이스북 하는 거 제가 이렇게 제가 다윤이 엄마 가르쳐줬거든요. 나중에는 인스타

[그림]도 내가 깔아주고 인스타도 다 가르쳐주고 (웃으며) 했는데, 그러면서 이제 조금 가까워져서 다윤이 엄마랑 이렇게 좀 얘기도 하고 하면서 2014년도 지현이 그렇게 되, 지현이 올라가고 얼마 안 있다가 다 멈췄잖아요, 팽목항 상황이. 멈추고 나서 다 올라오시고, 은화 어머님이 병원에 입원을 하셨었는데 그게 우리 집 앞에 병원에 입원을 하셨었어요. 그래서 제가 이제 찾아갔죠. 찾아가서 올라오고 나서 처음 이제 뵌 거예요. 그랬었고, 그러고 나서 얼마 안 있다가 미수습자 가족분들이 광화문에서 피켓을 들기 시작을 하셨는데, 그때 이제 제가, 그때 이제 광화문에 가는 버스가 그때까지도 있었어요. 저희 가족협의회에서 버스가, 올라오는 버스. 그래서 제가 그 버스를 타고 몇 번 같이 그 부모님들이랑 이렇게 같이 갔었어요.

그러다가 그 버스가 시작한 지 얼마 안 됐는데 그 버스가 없어졌나? 아마 그랬었던 거 같아요. 그래서 이제 그 택시 운전하시는 그 활동, 우리 도와주셨던 그 활동가가 택시 운전기사였는데, 그분이 이제 은화, 다윤이 엄마 피켓하는 데를 같이 도와주셨는데 솔직히 말해서 불편하잖아요, 대화도 제대로 할 수도 없고. 근데 어느 날 그분이 이제 일이 있으셔 가지고 못 오신다고 하셔서 은화 엄마가 저한테 전화를 했더라구요. "어, 이런, 이런 상황인데 시연이 엄마가 운전 좀 해주면 안 될까?"라고 했는데 저는 그게 너무 고마웠어요. 저는 지금도 그게 되게 고마워요, 나한테 그걸 부탁을 해줘서. 왜냐면 저는 우리 시연이한테 그랬거든요. "엄마가 너, 니 친구들 다 찾을 때까지 절대로 포기하지 않을게"라고 약속한 게 저는 시연이하고의 첫 번째 약속이에요. 그래서, 내가 근데 뭘 할 수 있는 게 없었어요. 근데 저한테 운전을 해달라고 부탁을 했고, 저는 흔쾌히 하겠다고 했고, 그 뒤로 제가 계속하게 됐, 됐던 거예요.

2015년도 한 해는 미수습자들 운전을 해주고 있었는데, 그 와중에 (웃으며) 이제 대협 일을 해야 되잖아요. 그러니까 전화를 꽂고, 이어폰을 꽂고 운전하면서도 섭외. 근데 전화를 해서 섭외만 해서 될 일이 아니잖아요. 섭외만 해서 될 일이 아니라 이쪽에 연락해 주고 저쪽에 연락해 주고 그것도 문건으로 정리해서 어디 어디, 그 사람들 연락처나 장소, 주소 막 해가지고 이쪽에 보내주고, 이쪽에 보내주고 하는 역할을 또 해야 되거든요. 그 일이 또 부수적인 일이 또 있거든요, 가족 섭외만 해서 될 일이 아니고. 그리고 또 그거를 기록으로 남기기 위해서 집에 와서 엑셀 작업을 또 다 정리를 저는 다 해놨어요, 제가 할 때 17년도까지는. 지금도 그 기록으로 사람들한테 막 문자 보내고 하는데, 그렇게 기록을 하고 그게 일이 좀 많아요.

근데 이제 제가 그 일은 꼭 하고 싶었어요, 미수습자들, 내가 운전해 주는 거. 내가 해줄 수 있는 게 그것밖에 없었다고 저는 생각했어요. 내가 세월호를 인양을 할 수도 없고, 내가 할 수 있는 범위 안에서 제일 잘하는 건 그나마 운전밖에 없고, 그나마 나한테 또 부탁을 또 해주셨고, 그래서 되게 고마웠고 했는데 솔직히 힘들었어요. 왜냐면 말 한마디, 한마디가 굉장히 조심스러웠거든요. '너는 유가족이니까 그렇게 생각할 수 있잖아'라고 생각이 들었거든요. 근데 그게 서운하거나 눈치가 보이거나 그게 아니라 저도 마찬가지로 조금 상황이 틀리지만 생존자 부모님들이 이렇게 얘기했을 때 '너는 니 새끼 살았으니까 그렇게 얘기하지'라는 생각을 저는 했었거든요. 그러니까 내가

시연 엄마 윤경희

이렇게 얘기했을 때 저 부모님도 '그래, 너는 니 새끼 찾았으니까 지금 그거 할 수 있지'라고 생각할 수 있잖아요.

그래서 말 한마디, 한마디 할 때마다 굉장히 조심스럽고 막 했는데, 어느 날 갑자기 미수습자하고 사이가 굉장히 안 좋아지기 시작하면서 가족분들 중에 뭐 어느 분은 저한테 전화해서 "야, 니가 간담회 다 빼갖고 은화 엄마한테 넘겨서 은화 엄마[가] 간담회 다니는 거지?"라고 얘기하는 사람도 있고, "너, 걔네랑 같이 자꾸 어울리지 마. 너까지 왕따당해" 막 이렇게 얘기하는 사람도 있었어요. 근데 제가 그걸 귓등으로 안 듣고 그냥 계속 활동했던 건 나는 다윤이 엄마랑 은화 엄마랑 친해서도 아니고, 그분들하고 뭘 하려고 하는 것도 아니고, 나는 딱 하나 우리 시연이하고 약속한 걸 지키기 위해서 내가 할 수 있는 거를 하는 거였어요. 근데 다른 사람들이 생각했을 때는 내가 가족협의회에서 일도 하면서 미수습자하고 사이, 사이도 안 좋은데 미수습자랑도 붙어 다니니 내가 여기에서 이 말을 전하거나 저기에서 이 말을 전하고, 이렇게 의심하는 사람도 있을 거 아니에요. 근데 저는 절대 그렇게 안 했거든요. 그렇게 했으면 제가 그렇게 뭐 [운전을] 하지도 못했겠죠. 그니까 뭐 얘기하면 그냥 "아, 난 잘 몰라", "나는 그냥 섭외만 하는 사람이니까 나는 그런 거 잘 몰라" 그냥 이렇게 넘기고, 그냥 얘기하면 들어주고, 그런 거밖에 할 수 있는 사람이 아니었어요. 그래서 그때 좀 많이, 2015년도에 좀 많이 힘들었던 거 같아요. 근데 그때 또 저희가 2014, 15년도 4월에 삭발을 했잖아요. 막 그러면서 되게 또 바빠졌죠, 엄청(웃음).

면담자　　　　삭발 이야기를 여쭤보고 싶네요. 어머님 사진이 굉장히 사실 크게 나왔었고, (시연 엄마 : (웃음)) 제가 인상 깊게 봤는데, 그 이 야기에 들어가기 전에요. 어머님이 어떻게 보면은 가족협의회의 입장 이라든지 또 미수습자 가족분들의 입장을, 양쪽을 다 공감을 할 수 있 는 위치이실 거 같아요. 많은 사람들이 이렇게 사이가 좀 안 좋아지게 된, 그리고 지금 사실 미수습자 가족만의 문제가 아니라 또 유가족들 도 여러 팀으로 나뉘어가고 있고 이러한 문제들이 있는데요. 어떻게 생각하세요, 미수습자 가족분들하고 우리 가족협의회가 갈라지게 된 상황에 대해서? 어떤 문제들이 있었던 것 같으신지요?

시연 엄마   딱 그냥 저는 한 가지라고 봐요. 모든 일은 때라는 게 있잖아요. 그래서 우리가 특별법을 만들었, 만들어야 하는 것도 때가 있었던 거고, 그다음에 뭐 의료지원이나 이런 걸로 또 싸우고, 심리생 계 쪽에, 우리 트라우마 쪽에 이런 것도 다 뭐든지 때가 있어서 가족 협의회에서는 그런 식으로 움직인 건데, 입장 바꿔 생각을 해보면 이 해가 다 되는 거 같아요. '내 애가 아직 안 나왔어요, 나는. 내 애가 아 직 안 나왔는데, 어? 다 인양을 외쳐야 될 판에, 빨리 인양돼서 내 아 이를 찾아줬으면 좋겠는데, 저 사람들은 지금 왜 다 뻘짓을 하고 있 어' 이렇게밖에 보이지 않는 거 같아요. 입장 바꿔 생각을 해보면, '지 금 세월호를 인양해서 애들을 먼저 찾아야지. 지금 무슨 특별법을 만 들고, 그게 왜 중요하냐. 내 새끼가 저 배 안에 있는데' 그 마음이거 든요.

　　근데 위에서는 또 지금 이때가 아니면은 안 되는 일들이 있으니까 는, 눈으로 보이니까 직접. 그니까 이 사람들, 우리는 위에서, 위에서 하는 대로 또 그거를 또 때에 맞춰서 일 처리들을 해야 되는 거고, 또 가족들을 이끄는 입장에서 모두가 같이할 수 있는 거를 해야 되는 거고, 거기에만 또 집중할 수 있는 일이 아니었죠. 그래서 인양분과장이 2015년도에는 있었고, 그때 이제 처음에는, 지현이 나왔을 때는 인양분과장이 없었어요. 그때는 이제 수습, 그 작업을 하고 있을 때이기 때문에 (면담자 : 그때 진도분과였죠) 네, 진도분과장이 있었죠, 동영이 아빠가, 그 진도분과장이 있었지. 그래서 이제 그런 걸로 조금 사람들이 왜, 여기 미수습자 가족들은 "왜 모두 다 같이 세월호 인양을 외치지 않느냐"라고 해서 이게 좀 서운하고 아픈 마음이 있었던 거고, 여기에서는 이제 가족들은 또 때라는 게 있어서 이걸 또 일 처리를 또 딱딱 하고, 가족들이, 위에 있는 가족들도 이렇게 해야 하는 그런 것도 있어서 그런 것 때문에 좀 많이 입장 차이가 있었던 거 같아요.

그래서 이제 그 법안 처리할 때도 우리는 그냥 다 같은 피해자로 했는데, '거기에 미수습자가 빠졌다'라고 은화 엄마는 주장을 하는 거고, 그 미수습자 쪽에서는. '그 피해자 안에 다 들어 있다'고 우리는 생각을 하는 거고, 그런 입장 차이가 있었던 거 같아요. 그래서 그냥 막 가서 "은화 엄마가, 다윤이 엄마가 우리 가서 유가족들 욕을 하고 다니네" 어쩌네 막 이렇게 얘기를 가족들이 하면서 "너도 같이 다니지 마" 막 이러면서 얘기를 하는데, 입장 바꿔 생각해 보면은 나도 되게 서운할 것 같고 화날 것 같은 거예요. 내 새끼가 저 바닷속에 아직도 있는데, 무조건, 지금 이제 저, 저는 이제 우리 여기 입장도 됐지만, 여기 입장, 여기의 입장이지만 여기에서도 왜 그랬는지 나는 다 아니까…. 그렇다고 해서 은화 엄마, 다윤이 엄마가 그렇게 서운해하고 화나 있는데 여기 얘기를 하면은 그 사람들 머리에 안 들어오거든요, 이 사람들은 이미 나는 내 아이, 내 아이를 찾는 게 우선이고. 저도 입장 바꿔 생각해 보면 나도 그렇게 했을 거 같아, 은화 엄마, 다윤이 엄마처럼. '더 했으면 더 했지 덜 하지 않았을 거 같다'라는 생각을 해요.

그래서, 그래서 저는 시연이하고 약속도 약속이고, 입장을 바꿔서 자꾸 생각을 했어요. '나였으면 어땠을까? 내 아이가 아직도 저 바닷속에 있으면 어땠을까?' 솔직히 팽목항에 있을 때 한 3, 4일 지나고 나서부터 그게 제일 두려웠거든요. '내 아이가 마지막이면 어떡하지? 영원히 못 찾으면 어떡하지?' 그런 두려움이 되게 컸었어요. 그랬기 때문에 조금은 더 (면담자 : 더 이해하는 마음) 이해하고, 네, 네.

10
엄마에게 위로가 되어주는 둘째 딸 ○○이

면담자　　　네, 그러면 아까 말씀하셨던, 삭발하셨던 이야기로 갈게요. 어머님께서는 그 전에도 머리가 길었던가요? (시연 엄마 : 네, 계속 길었어요) 제가 그 사진, 어머님 사진이 이렇게 전면으로 나왔던 기억이 나요. 참 이런 표현이 어떨지 모르겠지만 너무 슬픈데 너무 예쁜 사진이었던 거예요. 너무 예쁘기 때문에 슬픈 그런 사진이었던 그런 기억이 나는데, 어떻게 해서 그런 결정을 하시게 됐나요? 그 당시에 감정 같은 게….

시연 엄마　　　저는 모르겠어요. 그냥 물불 안 가렸던 거 같아요. 가족들이 "뭘 해야 된다" 그러면은 "해야지" 이걸, 이게, "이걸 해서 뭔가 된다고 하면은 무조건 해야지"였어요. 가족협의회에서, 그때는 가족협의회가 아니었죠, 가족들이, 가족들이 같이 뭐를 해야 된다고 한다면 [무조건 해야 된다고 생각했어요]. 근데 솔직히 아무한테도 얘기 안 했어요, 그날 아침에 (면담자 : 갑자기?) 가서 얘기했어요. 아니에요. 결정은 그 전에 했어요. '무조건 한다. 가족 삭발식? 그럼 해야지' 당연하게 이렇게 생각했는데, 거기다가 명단[을] 적고 하면 그 전날 이름이 막 나가거든요. 그래서 그날 아침에 이제 가서 이름은 적은 거고, 그날.

　삭발식 하는 날[이] 우리 ○○이가 수련회를 가는 날이었어요. 근데 이제 저는 이게 세월호 참사 나고 한 번도 우리 ○○이를 학교에서 어디 가는데 보내지 않아봤는데, 그때 고등학교 1학년이었고, 처음 수련회를 애가 떠나는 날이었어요. 그래서 그 전날 같이 ○○이랑 마트에 가서 수련회 가서 먹을 간식 이렇게 준비하고…. 정말 마음이 아팠어요, 그것도 준비하면서도, '내가 애를 보내야 되는 게 맞나'라는 생각도 들고. 그러고 나서 또 ○○이랑 같이 모자를 하나 골랐어요. ○○이가 골라줬어요. 그래서 모자를 하나 샀어요. 저는 그때도 이제 '삭발하고 나면 모자를 써야지' 하고 샀던 거예요. 그러고 나서 같이 ○○이랑 "엄마는 내일 광화문에 가서, ○○이 없으니까 광화문에서 자고 오려고" 그러고 ○○이랑 같이, ○○이는 1박 2일 짐을 싸, ○○이 짐 싸고, 제 짐 싸고, 이렇게 가방을 두 개를 싸놓고, 아침에 ○○이 학교 데려다주고 광화문으로 갔었죠.

　갔는데, 솔직히 아무한테도 얘기를 안 했어요, 우리 언니, 동생, 남편한테도 얘기를 안 했고. 그래서 아침에 가서 이름을, 명단에 이름을 올렸죠. 그래서 거기 있던 가족들도 굉장히 놀랐어요, 내가 삭발을 한다는 거에. 근데 저는 그거 결정에 되게 뭐 많이 고민을 하거나 그런, 그러지 않았어요. '나, 당연히 해야 된다'라고 생각을 했어요. '어, 내가, 우리가 삭발을 해서 뭐가 된다면 당연히 해야지. 삭발[이] 아니라 다른 거라도 할 수 있다'는 생각이었어요. 그래서 누구의 의견이나 이런 거 듣고 싶지가 않았고, 괜히 이러쿵저러쿵 얘기 듣고 싶지 않아서 그냥 내 의견, 내 생각이고, 내가 하고 싶으니까 그냥 혼자 가서 했는데, 걱정은 이제 ○○이었던 거예요. 딱 그거 하나 걱정됐어요. ○○이가 걱정됐었어요.

근데 이제 그 삭발식 하기 전에 이제 ○○이한테 문자가 왔어요. "엄마, 전화기를 다 선생님이 내래" 이러면서 연락이 와서 "연락이 안 될 거다, 밤까지" [이러는 거예요]. 그때부터 막 못살겠는 거예요. 그래서 담임한테 전화하고, 교감선생님한테 막 전화하고, "당장 내가 ○○이 데리러 가겠다. 난 ○○이랑 연락이 안 되면 살 수가 없다. 핸드폰 지금 주시지 않으면 제가 데리러 갈게요" 이러면서 이제 사정을 얘기를 했어요. 그랬더니 선생님이 "○○이는 핸드폰을 주겠다"고 이렇게 얘기하시더라구요. "근데 이제 어머님이 연락하는 것만 받고, 쓸데없이 이렇게 하는 거는 못 하게 하겠다" 그러면서…. 그래서 ○○이 핸드폰을 다시 ○○이한테 쥐어주고 (웃으며) 그러고 나서 이제 삭발식을 했죠.

근데 이제 반별로 1반부터 이렇게 순서대로 엄마들이 앉, 엄마들이 먼저 삭발을 했잖아요. 앉다 보니, 1반, 2반에 삭발하시는 부모님, 엄마가 없었어요. 그러니 어쩌다 보니 3반에서도 나밖에 없어서 내가 맨 앞에 앉게 된 거예요. (웃으며) 그래서 사진이 좀 많이 찍혔죠(웃음). 내가 찍히려고 찍힌 게 아니고 첫 번째로 앉아 있어서 기자들이 찍기 좋은 자리에 내가 앉았던 거예요. 그래서 좀 사진이 많이 나왔던 거 같아요. 그래서 이제 그때 명단이 삭발하기 직전에 이제 기사로 나가고, 페이스북으로 나가고, 전화가 엄청 계속 들어오는 거예요. 얘네 아빠에서부터 언니, 동생 막 전화가 오고 난리였어. 아무것도 안 받았어요. 전화를 꺼버렸어요.

그리고 나서 이제 언니하고 동생하고 쫓아 올라오고, 일하다 말고 쫓아 올라오고, 저희 애기 아빠는 저한테 그때 두 손 두 발 다 들었죠, 이제. "그래, 니가 원하는 만큼 실컷, 시연이가, 시연이가 바라는 만큼, 니가 원하는 만큼 실컷 해라". 그때부터 얘네 아빠가 나한테 (웃음) 뭐라고 하지 않았어요. 삭발하고 나서부터는 트러블이 없어졌어요, 활동하는 거에 있어서. 그래서 언니하고 동생은 쫓아 올라왔지만 이미 삭발한 뒤였고(웃음). 그리고 나서 기사가 이제 올라왔는데, 제 사진이 너무 많이 나온 거예요. 그래서 걱정이 되더라구요. ○○이한테 나는 얘기[를] 아직 하지 않았는데, 그래서 ○○이한테 먼저 사진은 보냈고, "엄마 머리 이렇게 삭발 했어" 그렇게 했는데, 우리 ○○이가 웃더라구요. 그냥 웃고 말더라구요. 그리고 페이스북에다가 글을 올렸어요. "언니, 엄마가 머리를 삭발을 했는데, 병아리처럼 아주 귀여워". (면담자 : (웃음)) 이렇게 해서 올렸더라구요. 그래서, 저는 그것도 되게 마음이 아팠어요. 왜냐면은 우리 시연이 친구, ○○이 친구들은 다 저랑 다 친하거든요. 그래서 이렇게 내가 삭발하고 이러고 나서 사진이 너무 많이 이렇게 막 나오고, 제 동생이 이제 아일랜드 사는데, 막내동생이, 아일랜드에 사는 막내동생까지 막 전화해 가지고 "여기서도 지금 언니 사진 다 나와가지고 난리다. 언니 왜 삭발했냐" 이러면서 막 울면서 또 연락도 오고 그래서…. 근데 이제 내 사진이라고, 내 사진이라고 해서 하는 게 아니라 '세월호 유가족이 어떤 이유로 이렇게 삭발을 했다는 게 이렇게 전 세계적으로 기사가 이렇게 나갔구나' [하고 알게 되었죠]. 그래서 내 동생이 사진을 줬을 때 "이거 말고 기사를 좀 나한테 보내달라" 제가 얘기를 했었어요, 어떤 식의 기사에 그 사진이 나왔는지 보기 위해서.

그래서 그랬던 기억이네요, 삭발하고 나서. 그래서 이제 제일 걱정됐던 ○○이는, 지금도 우리 ○○이는 저를 제일 많이 응원해 주고…. 요번에 부서장 나올 때, 작년에 나올 때도 저는 안 한다고 했었거든요, 솔직히. 근데 하도 전화가 오고 내가 안 받고 그러니까 ○○이가 "그냥 해" 막 이러더라구요. 그때 방학 기간이라 집에 계속 같이 있었거든요. 그래서 ○○이가 그렇게 얘기해 주지 않았으면 나는 안 했을 거예요, 아마. 근데 지금도 이렇게 막 얘기하다 보면 그래도 엄만, 엄마가 맨날 바빠서 미안하고, 방학인데도 같이 못 있어주고, 밥도 제대로 못 챙겨주고 이러니까 그런 얘기를 하면, "괜찮아. 엄마는 그래도 의미 있는 일 하러 다니는 거니까 괜찮다"고 이렇게 얘기해 주거든요, 그래서….

면담자 지금 ○○이 이야기가 좀 나와서 먼저 여쭈면, ○○이도 굉장히 많이 충격받고 그랬을 텐데, 그 이후에 잘 지내고 있나요?

시연 엄마 우리 ○○이는 잘 표현을 하지 못하는 아이였어요. 그리고 엄마 뒤에 숨어서. 그리고 시연이가 워낙 왈가닥이고 막 이렇게 하고, 공부도 어렸을 때부터 잘해가지고 주위 사람들이 다 우리 시연이, 시연이, 시연이…. 그래서 내가 아까 말했듯이 첫아이, 첫 조카다보니까는 사람들, 우리 친척들도 다 시연이, 시연이, 약간 이런 쪽이었고 그래서, ○○이도 공부를 못하는 것도 아니었지만 시연이한테맨날 묻혀 있는 그리고 (면담자 : 나이가?) 2살 차이예요. 그래서 맨날이렇게 뭐 어디를 가도 시연이가 맨날 막 이렇게 하니까 얘는 그냥 조용히 이렇게 있고, 엄마 이렇게 손잡고 있고, 뒤에 있고 약간 그런 스타일이었거든요. 나서서 뭘 한다든가 이런 스타일이 전혀 아니었어요.

근데 이 세월호 참사 나고 나서 ○○이가 내 앞에서 막 소리 내어울고 그러지 않았거든요. 근데 팽목항에 딱 하루, 한 번 왔었어요. 우리 언니가 [○○이를] 데리고 왔더라구요 저녁에. 내가 "바로 데리고올라가라" 그래서 한 3, 4시간 정도 있었는데, ○○이를 보니까는, 계속 울고 있다가 ○○이가 오니까 '울지 말아야 돼. 울지 말아야 돼'[하면서] 1시간 동안 계속 이렇게 참고 있는데, ○○이가 딱 오니까 눈물이 나는 거야. 그래서…, 그래도 애를 뭐를 먹여야 되겠는 거예요, 몇 시간 동안 애가 차를 타고 왔으니까. 그래서 ○○이를 먹이는데, ○○이가 울면서, 웃으면서 먹는데, 눈물을 뚝뚝 흘리면서 웃으면서내가 주는 걸 다 받아먹는 거야. (울먹이면서) 그래서 워낙에 표현이없는 아이라 그 모습이 너무 미안하고 슬펐어요. 그래서 언니한테 "언니, ○○이 빨리 데리고 가라"고, ○○이가 가지 않겠다고 했는데 보냈어요.

보내고 나서 이제 시연이를 제가 못 보게 했다고 그랬잖아요. 영안실에서 못 보게 하고 장례 치르기 직전에 염을 하면서 그때 시연이를 처음 봤죠. 한 번도 장례식 내내 소리 내어 울지 않던 ○○이가 시연이를 보고 나서 "엄마, 왜 거짓말 했냐"고 막 통곡을 하고 우는 거예요. "언니 하나도 안, 안 다쳤다며, 똑같다며. 저게 뭐가 똑같은 거야" 이러면서 막 소리를 치면서 울더라구요. 그런데 그때 시연이가 안산 [에] 도착했을 때 눈이 이렇게 뒤집어졌다고 했었잖아요. 애가 워낙에 조그맣고 마르다 보니까 그게 제자리로 오지 않는 거예요. 그래서 테이프로 눈을 이렇게 붙여놓고, 입이 다물어지지 않아서 입을, 입이 계속 이렇게 벌어져 있었고, 얼굴이 다 파래져 가지고 있으니까 ○○이가 그 모습을 보고 좀 많이 충격을 받았어요. 그래서 막 그때 처음으로 막 통곡을 하고 막 울고 저한테 소리치고, 그게 이제 처음이자 마지막이에요.

그리고 나서 이제 학교에 상담사들이 학교마다 배정이 됐는데, 우리 학교에는 희생자 형제, 자매가 ○○이 하나밖에 없잖아요. 근데 이 상담사들이 국가에서 보내준 거긴 한데 제대로 된 교육을 받고 온 상담사들이 아니라 본인들이 먼저 와서 울어버리는 거예요, 애를 보고. 그러니까는 이게 애가 그 울고 있는 사람한테 무슨 얘기를 하겠냐구요. 그래서 자기는 "다시는 상담받지 않겠다"고 집에 와서 얘기를 하더라구요. 그래서 "그래, 받지 마" 그러고 제가 학교에 연락을 했어요. "우리 ○○이는 안 했으면 좋겠다"라고 얘기를 했어요. 그리고 그런 아이를 혼자 두고 제가 매일 밖으로 나왔죠. 국회에서 농성한다고, 국회 끝나고 나서는 이제 광화문으로 매일매일 차를 끌고 아침에 애 학교 보내면은 뭐 저녁은 맨날 지가 알아서 먹든가, 이모네 집 가서 먹고, 이렇게 했었죠.

그래 가지고 고등학교 진학을 앞두고 있는데, 언니가 가고 싶어 했던 학교를 자기가 가겠다는 거예요. 근데 우리 ○○이는 어려서, 유치원 때부터 그림을 그리던 애예요. 워낙에 그림 그리는 걸 좋아하고, 모든 그림 그리는 모든 대회에 다 나가서 상 받고 이럴 정도로 그림을 잘 그렸어요. 그래서 학교 담임선생님이 안산에서 제일 가까운 경기예고에 갈 것을 추천했어요. 이제 "성적도 되고 하니까 경기예고에 ○○이 갔으면 좋겠다"고 했는데, 거기는 100프로 기숙사 제도였구요, ○○이는 또 가기 싫다고 했고, "언니가 가려고 했던 학교에 자기는 무조건 가겠다. 언니가 거기를 못 갔으니까 자기라도 가겠다"고 했는데, 거기가 이제 시각디자인과도 있고, 패션디자인과도 있고, 공연콘텐츠과도 있는데, 시연이는 공연콘텐츠과를 가야 돼, 가고 싶어 했고. ○○이는 그림을 그리는 아이니까 시각디자인과를 원래 가야 돼요. 근데 "공연콘텐츠과로 무조건 가겠다"는 거예요.

그래서 이제 학교 입학설명회[에] 가면서, 저는 시연이 손잡고도 입학설명회를 갔었거든요, 그 학교에. 근데 ○○이를 데리고 또 입학설명회를 그 학교에 갔어요. 갔는데, 입구에서도 계속 설득했어요, 이제. "○○아, 니가, 너는 그림 그리는 애인데 공연콘텐츠과 가서 너는 도대체 뭘 하려고 하냐" 그러면서 막 언니 얘기도 하고 하면서 애를 설득을 해서 이제 입학설명회를, 시각디자인과 입학설명회를 데리고 간 거예요, 틀어서. 입학설명회를 데려가서 이제 ○○이가 거기에 입학을 했죠. 입학을 해서 이렇게 학교를 다니는데, 솔직히 학교 급식 먹는 걸 되게 힘들어했어요.

그래서 그때는 내가 미수습자 운전을 해주고 저녁에는 그나마 좀 일찍 들어오잖아요. 다윤이 엄마, 은화 엄마, 다윤이 엄마, 아빠 이렇게 모셔다드리고 하니까. 근데 청운동 하고, 청운동 피케팅하고 점심 먹고 홍대 피케팅하고 집에 오면은 거의 한 4시 반, 5시 안에는 왔어요. 그래서 저녁은 무조건 이제 제가 만들어서 학교에 갖다줬어요, 저녁은, 1학년 때는. 그 별일이 없을 때는, 그리고 저녁에 일정이 없을 때. 아니, 그럴 때는 이제 저녁에 도시락을 싸서 학교에 가서 갖다주고 이제 그게 그나마 내가 ○○이 학교 다닐 때 해줬던, 그 잠깐 동안의 (웃으며) 그 일인데….

아무튼 그렇게 했는데, 이 특성화고등학교잖아요. 특성화고등학교를 다니면서부터 내 뒤에만 있던 아이가 어? 바뀌기 시작하는 거예요. 그니까는 공부만 하는 게 아니라 그 고등학교에서는 약간 뭐 그룹 수업도 하고, 외부에 나가서 하는 것도 하고, 시각디자인과니까는 컴퓨터로 하는 것도 하고, 그다음에 자기가 작품을 만들면 프레젠테이션도 나가, 나와서 이렇게 하고 하다 보니까 아이가 변하더라구요. 그래서 2학년 때는 본인이 직접 시청에다가 뭐 신청을 해갖고 동아리, 학교 동아리를 만들어서 거기서 예산을 따서 아이들을 모집해서 그걸 또 운영도 본인이 직접 하고, 이제 그런다고 지가 그렇게 얘기하는, 하더라구요. 그래서 내가 "니가?" 이랬어요. 다들 이제 의외인 거죠, ○○이가 그런 걸 한다고 하니까. 그러고 나서 이제 학교에 가서 선생님이랑 대화를 하다 보니까 어? 내가 아는 ○○이가 아닌 거예요.

그러고 나서 본인이 직접 동아리, 그게 봉사 동아리였거든요. 그래서 어느 뭐 청소년단체나 이런 데서, 청소년수련관이나 안산시에서 행사가 있을 때 자기가 직접 부스를 따서, 자기가 부장이니까, 자기가 직접 만들 동아리니까, 직접 부스를 따서 거기에서 이제 아이들이 그림 그리는 애들이다 보니까 페이스페인팅이나 뭐 매니큐어 발라주기 이런, 아이들한테, 놀러 온 아이들한테 이렇게 하는 봉사 같은 거 하고, 뭐 좋은 마을 만들기나 뭐 서울예대 쪽 애들이랑 같이 이렇게 연결되어 가지고, 마을에 전봇대에다가 이쁘게 색칠하는 그런 프로젝트도 같이 하고 이제 그렇게 하더라구요. 그래서 저희 언니도 그런 쪽에서 일을 좀 하거든요. 그래서 언니가 살짝 가서 보니까는 "키는 제일 쪼그만 게 이따만 한 애들 사이에 껴가지고 애들이 ○○이 없으니, ○○이가 오기 전에 아무것도 못 하고 있다가 ○○이가 와서 몇 명, 여기 여기 하니까는 다 가서 일하는데 웃겨 죽는 줄 알았다. 그 쪼끄만 게" (웃음) 그렇게 얘기하더라구요. 그렇게 변했어요, 아이가. 그 특성화고등학교 가서 활동, 생활을 하면서, 상담을 하면서가 아니라….

근데 이제 고등학교 2학년 때 이제 대학 진학을 또 생각을 해야 되잖아요. 대학 진학을 생각을 하다 보니까, 아이가 이제 "근데 엄마는 너무 바빠[서]" 자기하고 상담해 주거나 그럴 시간이 없어요. 그러다 보니깐 어느 날 자기가 너무 짜증을 많이 내고 있다는 걸 느끼는 거예요. 근데 이제 다른 가족들도 다 그럴 거예요. 하나 남아 있는 아이이기 때문에 그 전에 아이를, 아이가, 아이를 이 정도 하면 얘를 혼내야 돼. 근데 그, 그게 안 돼요, 지금은. 하나 남은 아이, 이 세월호 참사 나고는, 그 전에는 이런 일 있으면 엄청 혼내고, 막 뭐 사달라고 하면은 안 사주고 막 이랬던 것도, 지금은 뭐 사달라고 그러면 "어, 그래. 사자", "어, 그래 사" 뭐 이렇게 되는 거고, 뭐, 뭐 한다 그러면은 "어, 그래. 해" 이렇게 되거든요. 근데 솔직히 말하면 아이들이 그런 걸 이용하기도 하지만 (웃으며) 그게 또 한편으로는 그냥 무관심 속에 "아, 그냥 니 마음대로 해" 이렇게 느껴질 수도 있겠다는 생각이 들더라구요.

그래서 애, 아이가 내가 무슨 얘기만 하면은 막 짜증을 엄청 내는 거예요. 근데 그걸로 인해서 화를 내지 않는 거예요, 엄마가. 그래서 '아, 왜 엄마가 화를 안 내지?' [하고 느끼면서 그것도] 걔는 그것도 싫었던 거죠. 그래서 어느 날 저한테 "엄마, 나 상담을 한번 받아볼까?"라고 얘기를 하더라구요. 그래서 "왜?" 그랬더니 "내가 요즘에 너무 짜증을 많이 내고 있는 것 같아"라고 얘기를 하더라구요. 그래서 그 일반, 이런 상담사들이나 상담 센터나 이런 데가 아니라 그 유명하신 분 있어요, 정신 뭐, 뭐 이렇게 막 상담하시는 분. 그래서 그분한테 연락을 드려가지고 이렇게 ○○이 좀 한번 상담해 주시라고 얘기해서 딱 갔는데, 딱 상담받고 나왔는데 또 눈이 탱탱 부어가지고 나와가지고 "나는 다시는 상담받지 않을 거"라고 하더라구요. 그래서 "왜?" 그랬더니 "나는 내 얘기를 하고 싶은데 자꾸 저 사람들은 나한테서 언니 얘기를 끌어내려고 해. 나는 내 얘기를 그 사람들한테 해주고 싶고 내가 힘든 걸 얘기하고 싶은데" [하더라고요]. 본인의 아픔을 자꾸 세월호 참사하고 언니 때문이라고 단정 짓고 애를 바라보고 애 얘기를 듣는 거예요. 근데 그게 애는 너무 힘들고 싫었던 거예요. (면담자 : 그럴 수 있죠) 그래서 자기는 다시는 상담을 받지 않겠다고 하고 그 뒤로도 한 번도 받은 적이 없어요, 그 뒤로는.

그렇게 얘기하더라구요. 근데 그러고 나서는 본인이 막 짜증 내거나 이렇게 하거나 하지 않았어요. 그래서 대학교 준비할 때도, 입시 준비할 때도 솔직히 막 원서 쓰고 이런 거 할 때 엄마들이 막 이렇게 막 뭐 정보 갖고 와가지고 여기 가야 되고, 저기 가야 되고 이제 막 이렇게 해야 되는데, 저는 이제 그렇게 해줄 저기가 없었어요. (면담자 : 너무 바쁘시고) 네. 그래, 그랬는데 우리 ○○이가 다행히 서운해하지 않고, "아, 대학은 내가 가는데 엄마들이 왜 저기 하냐"고 그러면서 "어, 저렇게, 뭐지? 저기 뭐야, 입시, 입시, 입시 보고 뭐 자살했다 그러고 뭐 애들이, 좀 그런 애들은 다 저거 부모님들이 잘못해서 그런 거"라고, "대학은 본인이 가야지, 뭐" [하면서] 나를 막 가르치는 거예요(웃음), "내가 알아서 하겠다" 이러면서. 근데 어떻게 다행히 수시 여섯 군데 쓴 것 중에 다 붙었어요. 붙어가지고 지금 대학생활 또 열심히 학교생활도 하고 있고. (면담자 : 지금 이제 2학년?) 이제 3학년 돼요. □□대학교 다녀요, 지금.

면담자　　　네. 그래도 ○○이가 잘 지내는 거 같아서 다행이라는 생각이 드네요.

11
유가족만 참여하게 된 가족협의회 간담회

면담자　　　4·16 참사 이후 2014년 가을부터 지금까지 간담회를 진행하시는 일을 맡아서 하시게 됐잖아요. 간담회가 필요하다, 간담회를 하자, 이런 결정이 어떤 식으로 이루어졌는지 기억나시나요?

시연 엄마　　　아, 우리가 하자고 한 게 아니라 들어오기 시작했어요.

그래서 '어? 우리가 가서 무슨 얘기를 할 수 있을까?'라고 생각을 했는데, 서명[받느라고] 이렇게 다니다 보니까 그쪽에서도 이제 뭐 연대하고 이런 사람들이 생겨났잖아요. 이제 그런 쪽에서 "이 세월호 참사를 직접 경험하지 못한, 직접 보지 못한 사람들이 직접 경험한 유가족들한테, 유가족들의 생생한 증언으로 그날의 뭐 얘기를 좀 듣고 싶다" 이런 거였죠. 그래서 '유가족들이 지금 4월 16일에 우리는 이렇게, 이렇게, 이렇게 했고, 언론은 다 거짓말을 했고, 정부는 우리에게 이렇게 했고, 그래서 우리는 진상 규명을 꼭 해야 되겠다. 왜 아이들을 구조하지 않았는지 진상 규명을 해야 되겠고, 그걸로 인해서 함께, 시민들이 함께해 달라'는 그런 취지로 이제 간담회를 다녔던 거죠.

면담자 어머님도 직접 간담회에 참여해서 말씀도 하셨죠?

시연 엄마 아, 그럼요. 많이, [간담회 요청이] 너무 많다 보니까 저, 제가 이제 가기도 하고, 많으면.

면담자 그러면 다른 분을 소개하신 경우도 그렇고, 직접 가신 경우도 괜찮고요. 간담회 경험 중에서 특별히 기억나는 에피소드를 소개해 주시면 좋겠어요. 그게 안 좋았었던 경험이었을 수도 있고요, 아니면 굉장히 감동적인 경험일 수도 있고, 아니면 어머니나 아버님을 섭외하는 데 생긴 에피소드일 수도 있고요.

시연 엄마 어, 간담회… 약간 그런 거 있었어요. 뭐 에피소드라고 해야 되나, 뭐라 해야 되나 모르겠는데, 그때 2014년도에 저희는 생존 학생 가족분들하고도 같이하고 있었고, 선생님 가족분들, 뭐 화물 기사 생존하신 분들도 다 같이하고 있었죠. 그래서 저는 이제 간담회 가는 것도 그분들이랑 다 같이 가서 '우리가 한목소리를 내고 있다'는 것도, 보여주는 것도 필요하고 그래서 이제 간담회를 생존…, 너무 많다 보니까 우리가 다 감당할 수 있는 게 아니었어요, 간담회가 너무 많이 들어와서. 그래서 이제 생존 학생 그쪽에서도 대협부서가 있었거든요. 그쪽에서도 들어와서 같이 회의를 참석을 하고 이렇게 했어서 (면담자: 그때 소희 아빠가 맡고 있었나요?) 그때 소희 아빠가 대협, 대협이었어요.

그랬었고, 이제 거기에서 이제 ××이라고 그 생존자 학생의 형이 같이 활동한 사람이 있었어요. 그래서 그 친구랑 같이 이제 몇 명 아버님들 해서 어, 그럼 이 지역에는 몇 군데가 들어와서 이 지역에는 뭐, 뭐 ××이랑 뭐 누구랑 같이 가는 걸로 하고, 여기는 누가 가고 이렇게 대충 정했을 거 아니에요? 근데 이제 그쪽에서 "아, 우리는 유가족 얘기[를] 듣고 싶지, 생존자 얘기 들으려고 신청한 거 아니다" 그러면서 유가족, 그거를 생존자[가] 가려고 했던 그 사람한테 직접 얘기를 한 거예요. 그래서 어, 솔직히 말해서 상처받으셨을, 왜냐면은 생존자 가족으로 이제 유가족들이랑 같이하는 것도 솔직히 눈치 보이고 내가 미수습자 가족이랑 다녀보니 이제 그렇잖아요. 눈치 보이고 하는데 거기에서도, 지역에서도 그렇게 얘기를 해버리니까는 상처를 많이 받으셨었죠.

그래서 그건 이제 세월호 참사 국민대책위[세월호 참사 국민대책회의], 막 이런 거 있었거든요. 그때는 4·16연대가 생기기 전이니까. 그 국민대책위에서 연결되어서 이제 지역 간담회가 들어오는 것도 있었어요, 가족협의회로 직접 들어오는 것도 있었지만. 근데 그 간담회 같은 경우는 거기를 통해서 들어왔던 간담회라서 이제 그 시민한테 내가 전화해서 막 뭐라고 하긴 그렇고, 이제 그쪽에다 전화해 가지고 "지금 이거 뭐 하는 거냐. 이제, 거기 간담회 우리 못 간다고 그래. 다른 가족도 거기는 섭외하지 않겠다. 어떻게 이렇게 상처를 줄 수가 있냐" 그래서 안 가겠다고 얘기를 했어요, 거기[국민대책회의]를 통해서. 그랬는데 이제 그쪽에서 막 죄송하다고 사과하고 막 이렇게 하더라구요.

근데 나는 너무나 미안한 거예요, 이렇게 섭외하는 입장에서. 그래서 이제 안 보내겠다고 했는데, 거기에서 직접 그 팽목항에 그때 이제 지키고 계셨던 이제 뭐 찬민이 아빠나 우재 아빠나 그다음에 이제 청운동이 철수되면서 청운동에 있던 엄마들이 이제 팽목에 좀 내려가 있고 그랬거든요. 그래서 그때 이제 자기가 그러면, 거기도 이제 전라도라서 "그 팽목에 직접 가서 거기에 있는 부모님들이라도 모시고 간담회 하고 싶다. 내가 직접 가서 태우고 간담회 하고 다시 모셔다드리겠다" 이런 식으로까지 얘기가 나온 거예요. 내가 싫다 그랬어요. 안 된다고 했는데 그 국민대책위 사람이 "어머님, 나 한 번만 살려주십시오. 진짜 이 사람이 잘못했다고, 미안하다고 한다. 팽목에 있는 부모님들한테 전화 한 통만 해달라"고 또 이러는 거예요. 그래서 "다시는 그쪽에 간담회 우리가 가지 않겠다. 이게 마지막이다"라고 얘기하고, 이제 팽목에 계신 부모님들 이렇게 해서 보내드렸어요. 저는 그게 되게 마음이 아프고 미안하더라구요, 그 생존자 가족분들한테. 그래서 그 이후에는 가달라고 또 부탁드리기도 되게 미안했어요. 그리고 그분들도 상처고, 그래서 그런 기억이 한 가지가 있고….

면담자　　　　그래서 자연스럽게 유가족분들이 주로 참여하시는 간담회 모습으로 바뀌게 되었던 건가요?

시연 엄마　　　그랬죠. 아니 근데 그러고 나서도 이제 솔직히 말하면은 생존자 부모, 엄마하고 우리 유가족 엄마하고 같이 간담회 간 적도 있어요. 근데 갔다 와서 이제 그런 얘기를 하시더라구요. "나도 그렇게 안 우는데, 내 옆에서 저렇게 울어버리니까 나는 뭐라고 할 말이 없더라" 그러니까는 이제 그것도 상처였던 거예요, 같이 갔던 유가족 엄마는. 그래서 '이렇게 해가지고 가면 안 되겠다'라는 생각이 들더라구요. 왜냐면 아직까지도 우리는 너무 힘들고 저조차도 생존자 아이[를] 보는 게 쉽지 않고 힘들거든요. 그래서 약간 그런, 그런 것들 때문에 조금, 같이하긴 해야 되는데 서로 좀…. 지금은 안 그래요. 지금은 6년 정도 지났잖아요. 지금은 같이 뭐 연극도 하고 하잖아요. 열심히 활동하고 하는데, 그때 2014년도, 2015년도 그때만 해도 굉장히 그런 것 때문에 힘들었어요.

　　그러고 나서 이제 제가 좀 학교 이런 데 간담회를 조금 저는 좀 갔던 편이에요. 왜냐면은 그런 데는 가면은 어려운 얘기를 막 하는 게 아니라 우리가 싸우는 이유, 뭐 특별법이 어쩌고 뭐 수사단이 어떻고, 애들 붙잡고 그런 얘기할 수가 없잖아요(웃음). 근데 어느 날 교장선생님이 이러시는 거예요. "어머니, 그냥 아이들만 무조건 울려주세요" 이렇게 얘기하시는 거예요. 그래서 내가 '어휴, 저 애들을 내가 어떻게 울려줄까, 내가' (웃으며) 그렇게 요구하시니까 전교생이, 전교생을 다 강당에 모여놓고 1시간 동안 이제 나 혼자 얘기를 해야 되는데, 무슨 주제로 해달라는 것도 아니고 무조건 아이를 울려달라고 하니까 굉장히 난감했었거든요.

근데 이제 그게 학교에서 주최를 한 게 아니라 학생회에서 이렇게 주최를 했던 거고, 학교에서도 그 아이들의 의견을 받아서 했던 거고, 그다음에 아이들이 자체적으로 그 세월호 [5]주기를 준비하고 자기네들이 그림 그리고 리본 만들어서 전교생들한테 나눔하고 이런 과정들을 이제 복도만 지나가도 알 수 있겠더라구요. 다 애들이 해놓고, (면담자 : 고등학교에서?) 중학교가. (면담자 : 중학교가…) 응, 중학교가. 그래서 더 얘기하기가 어려웠던 거예요, 그걸. 왜냐면 대화 주제가 세월호 참사 때 초등학생이었을 그 중학생 아이들을 붙잡고 세월호 참사 엄마보고 가서 무조건 아이들을 울려달라고 하니, '이 아이들을 데리고 (웃으며) 무슨 얘기를 해야, 해야 되나', 이런 생각.

면담자   근데 참 놀랍고 기특하네요. 중학교 학생회에서 세월호 부모님을 모셔서 이야기를 듣자고 결정을 했다는 게.

시연 엄마   네, 그렇죠. 그리고 또, 그래서 이제 그때 1시간 동안 또 이렇게, 그때 우리가 특별수사단 서명을 받을 때예요, 작년이었거든요. 작년 4월 18일에 제가 그 학교를 다녀왔는데, 이제 그런 경우에는 제가 가요. 왜냐면 광주인데, "2교시나 3교시에 와서 수업을 해달라" 이렇게 하면 그 멀리 누구를 보내겠냐구요, 광주를(웃음). 그 섭외하기 곤란한 날이나 시간이나 이럴 때는 제가 그냥 가는 편이었죠. 지금은 이제 간담회가 그렇게 많지 않으니까…. 그래서 가서 이제 아이들하고, 이게 시연이와 나의 이야기를 그냥 했어요. 그런 데 가서는 뭐 특별수사단을 뭐 어떻게 해서 해야 되고, 우리가 이렇게 싸우고 있고 막 이런 얘기를 해봤자, 애들한테 어려운 얘기를 해봤자 아이들은

시연 엄마 윤경희

잘 모르고, 그냥 시연이와 나에 대한 이야기를 하고, 그래서 "나는 엄마니까, 나는 엄마니까 우리 딸이 왜 구조되지 못하고 저렇게 죽었는지 나는 엄마니까 알아야 되지 않겠냐. 그래서 특별수사단을 만들려고 하는 거다" [하고 이야기를 했지요]. 거기에 있는 애들이, 전교생 애들 다 사인해 주고, (웃으며) 서명해 주고…. 그래서 갔다 온 경험이 기억이 나요.

그래서 이번에도, 원래는 저희가 4월 16일에는 간담회를 가지 않아요. 받지 않아요, 저는 그 주기에는. 받지 않는데, 공문이 왔더라구요, 한 중학교에서. 그 공문이 왔는데, 학교에서 1주일 동안 세월호 수업을 하는 거예요, 4월 셋째 주에. 그리고 (면담자 : 어디 학교가 그렇게) [충북] 진천에 있는 은여울중학교라고 있어요. "4월 16일에 2교시, 3교시에 부모님들이 오셔서 수업을 해주셨으면 좋겠다"[라고 하는데], 근데 이제 4월 16일이잖아요. 그런 날 누구를 섭외를 해서 보내겠냐구요, 다 마음 아프고 힘든 날. 그래서 그때도 이제 제가 갔다 와, 여기는 이제 2시쯤에 시작하니까 진천이면은 1시간 반 정도 걸리더라구요. 그래서 이제 갔다 오려고 하는데, 그런 특별한 케이스는 이제 제가 좀 가는 편이에요.

근데 이제 그렇게 뭐, 하루는 뭐 세월호 리본 만들기 하고, 세월호의 뭐를 보고, 하루는 무슨 다큐를 보고, 뭐를 하고… 1주일 내내 그 세월호 수업을 잡아놨더라구요. 그 시간표를 보내주셨어요, 학교에서. 근데 그런 데를 안 가겠다고 하기가 그렇잖아요. 꼭 가고 싶은 거예요. 가서 무슨 얘기라도 해주고 싶은 거죠. 근데 솔직히 걱정은 돼요. 애네를 2시간 동안, 2교시 동안 아이들한테 도대체 무슨 얘기를 중학생 애들한테, 그것도 6년이나 지난 지금이면, 지금 중학생이면 그때 초등학교 저학년이었잖아요, 세월호 참사 났을 때. 그래서 '애들이 지금 어디까지 이 세월호 참사에 대해서 알고 있을까? 무슨 얘기부터 이 아이들한테 해줘야 될까?'라는 고민이 지금 들기는 해요. 근데 '꼭 가봐야 되겠다'라는 생각이 들어서 가겠다고 했어요.

그래서 저는 처음에는, 우리 유가족들 다 마찬가지로 청운동에서 농성할 때도 그렇고 교복 입은 아이들 보는 게 너무 힘들었어요. 그래서 운전하고 지나갈 때만 해도, 운전하고 지나갈 때마다 교복 입은 아이들만 보면 정말 막 울컥울컥해서 운전하다가도 펑펑 울고, 가다가 차 세워놓고 막 그랬던 가족들 참 많거든요, 저도 마찬가지이고. 그랬는데, 지금은 너무 고맙더라구요, 그 아이들이 그렇게 움직여 주니까. 그래서 제가 가서 하는 말이 꼭 그거에요. "우리는 꼭 이길 수 있다. 왜냐면 우리는 저 사람들보다 젊고 더 오래 살 거니까, 이 세상은 꼭 바뀌지 않겠냐. 그래서 너희들은 열심히 지금 열심히 너희들 할 일 하고 우리 이 엄마, 아빠가 어떻게 싸워서 끝까지 진상 규명하고 책임자 처벌하는지 너희들은 두 눈 똑바로 뜨고 지켜봐라. 이 세월호 참사가 어떻게 진상 규명되고 책임자 처벌이 되는지", 그런 거를 위주로 아이들한테는 이야기하는 편이에요.

12
사회문제에 관심 없었던 세월호 참사 이전의 삶에 대한 후회

면담자 　　　이제 2015년도의 타임라인을 따라서 몇 가지를 좀 여쬐보도록 할게요. 아까 우리가 삭발식 이야기를 했는데요, 그때 아이들 영정 사진을 들고 광화문까지 행진을 했었잖아요. 그때도 같이 참여를 하셨나요?

시연 엄마   그럼요. 그때는 ○○이가 시연이를 안고 그러고 이제 1박 2일 같이 도보[행진]했죠.

면담자   아, ○○이도 같이? (시연 엄마: 네, 같이했어요) 그리고 그다음에 참사 1주기 공식 추모 행사는 가족협의회가 시행령에 거부 의사를 표시하면서 안 하게 되죠. 그리고 대신 저희가 범국민대회에 참석을 하는 것으로 됐는데, 혹시 그 당시에 기억이 나시나요?

시연 엄마   그 당시에 범국민대회를 하고 그 뒤에 대기실에 우리가, 우리 그 출동대가 모여가지고 조를 짜서 경복궁을 (웃으며) 광화문을, 광화문에 (웃으며) 거기에 잠입을 했죠, 경찰들이, 그니까 그 틈에. 그니까 우리는 제대로 이렇게, 뭐라 그러지? 우리, 뭐라 그랬더라? 우리한테 무슨, 무슨 조라 그랬는데(웃음). 그래서 우리 몇 조를, 몇 조를 짰어요. 그래 가지고 이제 삭발한 거 다 티가 나니까 모자 쓰고 노란 옷 안 입고 그러고 조를 짜서 범국민대회 하는 동안 이제 거기에서, 경찰들은 거기 정신[이] 다 팔려 있을 거 아니에요, 유가족들 거기 다 있고. 근데 그때 이승환이 노래를 할 때 다 이렇게 울고 있을 때 출동대는 다 대기실로 빠졌죠. 빠져서 조를 짜서 한 조는 이리 돌아서 광화문으로 가고, 한 조는 이리 돌아서 가고, 그래서 그 현판 앞에 자리를 잡았죠. 그래서 거기서 노숙을 했죠 이제, 그날부터(웃음).

면담자   그러한 결정은 어떻게, 그러니까 어떤 이유로 그런 결정을 하시게 된 건가요?

시연 엄마   우리가 청와대 앞에 못 가잖아요, 그때는 이제 박근혜가 대통령이었고. 근데 이제 박근혜가 우리의 약속을, 우리하고 한 약속을 지키지 않았고 그래서 이제 "우리가 요구를 하려면 우리는 청와대에 요구를 해야 된다", 근데 우리는 갈 수가 없고, 맨날 갈 때마다 막히니까. 그래서 맨날 세종대왕상 앞에서 막혀버리고 막 이랬잖아요. 우리 삼보 일배할 때도 세종대왕상 앞에서 막혀버렸잖아요. 그래서 그런 기획은 위에서, 위에 집행부들이 회의해서 결정을 했겠죠. 저는 그랬잖아요, 저는 무조건 집행부에서 하면은, 결정하면은 나는 따르는, 그래서 삭발도 한 거고. 그래서 이제 이유는 다 알고 있으니까, 그래서 '이렇게라도 해서 우리가 거기에서 자리를 잡고 있으면은 얘네가 또 뭐라도 정부가 좀 움직이지 않을까?'라고 싶어서 저희가 이제 다 그렇게 갔던 거죠.

그런데 너무 강력하게 대응을 해왔던 거예요, 거기에서 경찰들 보내고 우리랑 같이 있던 한신대[학교] 애들 다 잡아가 버리고 활동가들 다 잡아가 버리고. 근데 이제 유가족들은 처음에는 안 잡아갔어요. 안 잡아가, 첫날 안 잡아가다가 이제 그다음 날 되니까 유가족들도 이제 막 다 잡아가더라구요. 그다음 날 이제 저도 잡혀갈 판이었어요, 솔직히. 다 같이 이렇게 팔짱 끼고 다 이렇게 쫙 서 있었거든요. 근데 잡혀갈 거 같아 가지고 가방을 가지러 간 거예요, 내가. 근데 가방 갖고 오는 사이에 다 잡아갔어요. 그니까 가방을 들고 이렇게 왔는데 경찰이 딱 막더라구요, 그리 앞으로 못 나가게. 그러니까 거의 한 30초? 막 이런 사이에 앞에 있는 사람[을] 다 우르르 연행을 다 해가 버린 거예요.

그래서 나하고 이제 동수 아빠가 거기에 막힌 거예요, 거기에 나가려다가. 그래서 이제 거기서 막 머리 들이밀고 싸우고 거기서 막 난리 난리를 치고 있었죠, 우리는 거기서, 잡혀가지 않고(웃음). 그래서 원래 앞에 이렇게 있어서, 이제 그때 또 때마침 안산에서 오는 차가 들어왔던 참이에요. 그래 가지고 경복궁에 거기 현판 앞에 도착한 유가족들이 온 지 진짜 몇 시, 몇 분 안 되어가지고 다 잡혀갔어요. 거기 와서 가족들이 다 이렇게 하고 있으니까, 인간 띠 하고 있으니까는 오자마자 차에서 내린 유가족들도 같이 다 인간 띠 끼고 이렇게 쭉 있었을 거 아니에요? 근데 그 가족들은 앞에서 그냥 있었으니까 다 잡아간 거죠.

면담자   그때 아마 유가족분들은 나중에는 풀어주고 그랬었던 기억이….

시연 엄마   우린 다 풀어줬어요, 그다음 날. 아마 그날 저녁에 다 나왔을 거예요.

면담자   4·16 전에도 이렇게 집회 같은 데 참여해 보신 적이 (시연 엄마 : 한 번도 없어요) 그러면 이런 집회에 참여하시면서 뭔가, 경찰에 대한 생각일 수도 있고, 아니면 국가에 대한 생각일 수도 있고 뭔가 좀 생각이 바뀌셨나요? 어떠한 생각이 드시던가요? 그렇게 강력하게 가로막는 모습이라든지 이런 경험을 하시면서.

시연 엄마   그니까 제가 이제 간담회[에] 다니면서 느끼는 게 제가 참 부끄러웠어요. 왜냐면 저는 이제 안산시청에도 이렇게 막 천막 치고 막 이렇게 시위하고 하는 사람들 되게 많거든요. 근데 이제 우리 시연이랑 ○○이랑 저랑 버스를 타고 이렇게 지나가는데 시청 앞에 있는 천막을 보고 우리 시연이가 저한테 한번 질문을 했었어요. "엄마, 저 사람들은 왜 맨날 저렇게 천막을 치고 저기서 저러고 있어? 왜 맨날 저렇게 싸워?" 이렇게 얘기를 하는데 제가 "아, 해주면 안 되는데 자꾸 해달라고 저렇게 떼를 쓰는 거야" 난 이렇게 대답했던 엄마예요. 근데 내가 지금 그러고 다니면서 사람들한테 우리한테 함께해 달라고 하고, 잊지 말아달라고 하고, 이렇게 다니는 게 되게 위선적인 거예요, 내 자신이. 그러면서 '내가 조금만 더 세상에 눈을 빨리 뜨고 같이 나와서 이렇게 했으면 내 딸이 이렇게 어이없게 가지는 않았을 텐데'라는 후회도 되면서, 되게 열심히 많이 움직였던 거 같아요, 그런 것 때문에. 그래서 내가 나는 그렇게 살지 않았으면서 다른 사람들한테 그렇게 살으라고, 살아달라고 얘기하는 것 자체가 되게 위선적이라고 생각하고 나 자신이 되게 굉장히 부끄러웠어요.

13
코로나19 사태로 인해 활동이 무산되는 것에 대한 안타까움

면담자   2015년 8월 19일부터 중국 상하이샐비지가 인양업체로 결정되어 인양 작업을 시작했는데요. 인양업체 선정이라든지 인양 시기 등에 대해 가족협의회 내부에서 입장 차이가 좀 있었습니까?

시연 엄마   저는 그거에 대해서는 자세히 몰라요. 저는 나대로 너무 바빴어요(웃음). 그니까는 각 부서가 있다 보니까 그 부서별로 [관련되는 활동을 주로 했었던 거지요]. 저는 말했잖아요, 2015년도에 나는 섭외하고 운전하고 이러느라고 너무 바빴어요. 그래서 솔직히 그런 거는 이제 위에서 위원장님, 위원장님이나 이런, 그 전명선 위원장님이 진도에 내려가서 설명하고 뭐 이럴 때는 같이 있었기는 해요. 그래서 같이 이렇게 좀 부딪치고 하는 거는 보긴 했는데, 그게 어떻게 해서 그렇게 결정되고 미수습자 가족들의 의견이 어떻게 되고 이거를 내가 듣기는 했지만, 자세히 은화 엄마나 다윤이 엄마한테 물어볼 수가 없었어요. 이게 왜냐면은 서로 감정이 안 좋은 상태에서, 유가족과 미수습자 가족 사이가 안 좋은 상태에서 유가족들이 그 집행부에서 회의를 하고 결정한 사항이고, 근데 그 상황을 이제 저는 자세히는 몰랐죠.

저는 그런 회의에 들어가지는 않으니까 모르는데, 미수습자 가족들은 미수습자 가족 나름대로 유가족이 이렇게, 이렇게 해서 뭐 이런 상황들, 그래서 이제 미수습자 가족들은 이런 거였어요. '이왕 이제 여기서 하기로 했으니 얘네들한테 우리가 뭐를 열심히 일해달라고 뭐라도 해주자'라고 해서 간식 사다 넣어주고 명절 되면은 월병 직접 맞춰서 주고 그런 거, 그런 관계에서는 제가 같이 도와서 했어요. 월병, 어디에서 월병을 맞춰서 해서 갖다줘야 되고, 그 사람[들이 쓰는] 중국어로 또 편지 써가지고 직접, 이제 미수습자 엄마들이 직접 그 사람들한테 잘, 일 잘 해달라고 뭐 간식 넣어주고, 편지 써서 넣어주고 막 이런 과정에서는 저 같이, 미수습자 가족분들이랑 같이했는데, 그거를 상하이샐비지로 결정하는 단계에서의 얘기는 저는 솔직히 자세히는 몰라요.

면담자   네, 알겠습니다. 9월 1일부터 동거차도에서 머물면서 감시하는 활동을 했어요. 거기에도 혹시 같이 가셨나요? (시연 엄마 : 네, 저도 갔었죠) 그 반별로 조를 짜서 가는 (시연 엄마 : 네, 네. 아버님들이 거의 주로 많이 갔어요) 동거차도에서는 어떠한 생각을 하셨나요? 동거차도 산꼭대기에 있었잖아요, 우리 천막이요.

시연 엄마   네, 네. 동거차도에서는 이제 이 생존 학생들이 그쪽으로 왔던 거잖아요. 그리고 또 그 동네 어민들이 아이, 아이들, 그 어민들의 배의 덫[그물]에 걸려서 나온 아이도 있고, 막 그래서 이제 그분들도 많이 피해를 봤음에도 불구하고 우리를 또 많이 도와주시고 같이 옆에서 함께해 주시고, 우리가 가면 또 다 챙겨주시고 집도 빌려주시고 막 이랬던 상황이었거든요. 솔직히 저는 동거차도를 자주 가지는 않았어요. 그 전에 그 저기 위에서 또 하는 일들도 있었고, 그해가 이제 9월부터 했지만 그다음 연도까지 (면담자 : 그렇죠. 다음 연도까지 계속됐었죠) 계속됐었죠. 근데 그 초기에는 아버님들 위주로 많이, 겨울에는 또 춥고 해서 반별로 돌아가는데 저희 반은 거의 아버님들이 갔어요, 엄마들이 안 가고, 반별로 돌아갈 때. (면담자 : 3반은 활동 인원이 좀 많이 되시죠?) 초창기에는 굉장히 많았죠. 지금은 그렇게 많지 않아요. 초창기에는 굉장히 많아서 특히나 아버님들이 그래서 그 동거차도 갈 때는 우리 반은 다 아버님들이 가셨었어요. 거의 아버님들이 가셨고, 아버님들이 거의 활동하는, 엄마들만 활동하는 반이 또 몇 반 있잖아요. 그런 반은 엄마, 엄마들이 갔었고. 우리 반은 다행히 아빠들이 다 조를 짜서 갔기 때문에 엄마들은 이렇게 가는 저기가 없었는데, 그때 한번 이렇게 무슨 일이 있어서 저도 이제 동거차도 가서 같이했었던 기억이 있어요.

　그래서 그때도 위에 가서 이제 떠오르는 거는 그거예요. 그거 보면서 '이렇게 가까운데…' 이렇게 거기서 보면 가깝잖아요. '가까운데 그냥 다 뛰어내리기만, 뛰어내리라고만 했어도…', 여기에 있는, 거기에 있는 주민들이 다 그래요. "다 그냥 [뛰어]내리라고 했으면 우리가 다 건져가지고 데리고 왔어도 다 살았겠다"라는 얘기하거든요. 그래서 그런 거 보면은 정말 너무 화가 나는 거예요. 그리고 거기서 이렇게 보다 보면은 우리가 찍고 있는 걸 아니까 자꾸 이렇게 [방향을] 막 틀어, 뭐를 이렇게 작업하고 이런 거를…, 그래서 진짜 야비하더라구요, 그 사람들이. 그래서, 근데 환경이 정말 열악하거든요. 동거차도 그 안에 물이 나오는 것도 아니고 화장실이 있는 것도 아니고 그리고 막 벌레도 너무나 많고, 더울 땐 너무 덥고 추울 땐 너무 춥고 그래서 정말 가족분들 많이 고생하셨어요, 우리 반 아버님들도. 저는 거기서 자지 않았거든요. (면담자 : 아, 자지는 않고 그냥 갔다만 오셨군요) 아니, 아니, 그 밑에 할머니가, 할머니가 데리고 가셔가지고 (웃으며) 할머니 옆에서 자라고 그래서 할머니랑 같이 자고 그랬어요.

면담자　　　그리고 그 이후에 이제 가을인데요. 그 10월 29일에 대법원이 김한식 청해진해운 대표에게 유죄 확정을 선고하고요, 11월 12일에는 이준석 선장에게 무기징역을 선고하게 됩니다. 이러한 판결에 대해서 당시에 어떻게 느끼셨는지 말씀해 주세요.

시연 엄마　　　'왜 얘네, 왜 얘네만 처벌을 받는 거지?'라는 생각이 들었어요. '구조하지 않은, 구조하지 않아서 이 304명이 죽었는데, 왜 이 책임을 왜 얘네 둘만 지어야 되는 건가?' [하고 생각했어요]. 그리고 왜 우리 시연이 검안서를 보면요 피의자가 이준석으로만 되어 있어요, 검안서에. 피의자 이준석, 이준석, 부산 어쩌고저쩌고… 주소, 주민번호 이게 다 나와 있거든요. 근데 왜 그게 이준석만의 책임이고, 이 나라는 이준석하고 그 김경일[해경 123정 정장]만 왜 처벌하고 있는 건지, 저희는 지금도 그거 가지고 싸우고 있는 거거든요. 그래서, 우리가 지금 이렇게 싸우고 있는데, 우리는 그걸 받아들일 수 없다는 거잖아요. 다른 책임자도 처벌되어야 하고 그 김석균[해양경찰청장] 같은 경우는 거짓말로 그 브리핑하고 다 했던 거잖아요. 근데 그런 거에 대해서는 다 뭐, 뭐 증거자료가 없다고 하거나 뭐 걔가 몰랐다고 하니까 '음, 몰랐을 수 있지' 이러면서 지금 특별수사단도 그렇게 다 넘겨버리고 있는 실정이고….

그래서 저는 지금 이제 특별수사단에서 다시 이렇게 조사를 하면서 그런 거를 다 저희가 조사 요구로 집어넣었는데 제대로 된 수사가 지금 진행되고 있지 않아요. 우리도 그거, 지금 말씀하신 그거에 있어서 우리도 이거 부당하다고 생각이 되어서, 특별수사단이 생겼을 때 거기에 요구한 거에, 그런 안이 들어가 있어요, 12가지 요구안 안에. 근데 "그게 제대로 뭐 기억이 안 난다"거나 뭐 증언, 뭐 그 당시에 주위에 있던 사람들이 그렇게 증인, 증언을 하고 있지 않다거나 이런 상태로 해서 거의 다 뭐 무혐의 처리나 가볍게 뭐 업무상과실치사라든가 이런 걸로 해서 지금 집어넣으려고 하는데, 저희가 주장하는 거는 살인 범죄로 얘기를 하는 거거든요. "어? 잘 몰랐다. 우리는 몰랐다"라고 얘기하는 건 정말 무책임하게 얘기하는 거잖아요. "안에 승객이 있는지 몰랐다" 이렇게 어처구니없는 얘기가 어디 있겠냐구요. 그래

시연 엄마 윤경희

서 "이거는 분명히 살인 범죄고, 이거는 세월호 참사의 사건이 아니라, 한 사건이 아니라, 304명의 304개의 사건으로 보고 조사를 다시 시작해야 된다"라고 우리들은 지금 계속 요구하고 있는….

면담자   지금 현재 가협에서는 특별수사단이 수사해서 처벌해야 할 사람을 어디까지로 생각을 하고 계시는 건가요?

시연 엄마   저희는 일단 충분한 조사가 이루어지지 않고 있잖아요, 지금. "침몰 원인은 조사 대상이 아니라서 자기네들이 할 수 없다"고 하더라구요. 그렇다고 한다면은 구조에서부터, 출항 과정에서부터 다 조사를 해야 되는 거죠. 출항 과정에서부터, 왜 어떻게 해서 출항을 하게 되었는지, 그리고 왜 구조를 하지 않았는지, 왜 아이들한테 "가만히 있으라"고 했고, 왜 특히나 단원고 애들은 "가만히 있으라"고 했는지, 그런 방송을 왜 했는지, 그리고 해경은 왜 선내에 진입하지 않았는지 그런 거에 대해서 이렇게 좀 제대로 조사를 하고 또 거기에 연결되어 있는, 거기에 직접 출동한 해군이나 국정원 그리고 대통령이 부재중이었던 그 7시간, 이거 등등 저희들이 요구했던 거는 그거를 철저히 밝혀달라 했지만, 그래서 이제 청와대에서 피켓 드는 문구에도 국정원과 해군 그리고 청와대의 그 문건, 이게 저희 좀 보장해 달라, 대통령의 명으로 보장해 달라. 조사할 수 있게, 특별수사단이 충분히 조사할 수 있게 보장해 달라고 요구하는 거거든요.

그래서 이제 그게 지금 특별수사단도 그렇게 얘길 하더라구요. "정부 협조가 필요하다"[라고] 얘기를 하고 있는데, 지금 특별조사단이 하고 있는 것을 보면은 지금 해경청장 구속영장 청구해서 기각되고, 그다음에 지금 대신, 다시 이제 또 불구속수사를 하고 있기는 하지만,

지금 특별수사단이 하고 있는 게 1기 특조위 방해 세력 조사예요, 지금 하고 있는 게. 아직 우리가 요구하고 있는 12가지 과제는 시작도 하지 않았어요. 그런 상태에서 "총선 기간에는 우리가 그거에 연관된 조사를 할 수가 없다"라고 우리에게 얘기를 했고, "6, 7월 안에 특별수사단을 수사를 마무리하려고 한다"까지 얘기했어요. 근데 '과연 이 특별수사단이 총선 이후면은 이 4월 15일 이후고, 6, 7월에 종료를 한다고 하는데, 그 몇 개월, 그 2, 3개월 동안 우리가 조사하라고 제시했던 12가지 과제를 과연 이 사람들이 과연 다 끝낼 수 있을까?' 전혀 아니라고 저는 생각을 하거든요. 거의 업무상과실치사로 다 그렇게 끝낼 가능성이 큰 거죠.

하지만 우리는 "아니다. 업무상과실치사로 그냥 끝나면 안 되고" 우리는 아까도 말했듯이 "살인 범죄"라고 얘기를 하고 있는 거잖아요, 304명의 목숨을 잃은. 그래서 이제 이거를 상대로 지금, 이 올해[가] 중요하다고, 우리가 진상 규명을 꼭 해야 하는 해라고 우리 가족협의회가 요구하는 이유가, 외치는 이유는 '이 특별수사단이 또다시 이렇게 생길 수 있을까?', '사회적 참사 특별조사위원회, 이런 단체가 또 생길 수 있을까?' 이렇게나, 지금 또 특조위가 두 번이나 만들어지고 특수단도 두 번째잖아요. '이렇게 했는데 뭐가 안 나왔으면 이게 끝인 거지, 뭘 자꾸 만들어달라 그래' 여론이 그렇게 나올 거 아니에요.

그니까 우리는 얘네가 지금 만들어지고 활동하고 있는 기구가 있을 때 뭐라도 밝혀야 돼서 우리는 정말 올해가 절실한 한 해인데, 그거를 어떻게 해서 이끌어내야 되는지를 지금 고민하고 있고, 시민들이랑 같이 어떻게 또 이거를 해야 되나 싶은데, 이 코로나 때문에 지금 다 막 엉키고 뭐 무산되고 조사도 제대로 이뤄지지 않는 거예요. 조사를 할 수가 없는 거죠, 코로나 때문에 조사 대상자를 불러가지고.

면담자　　근데 저희가 코로나로 인한 상황도 있지만 어쨌든 사참위도 그렇고, 지금 특별조사단도 그렇고 계속 조사를 안 하고 있는 상황인 거잖아요. (시연 엄마 : 못 하고 있는 거죠, 코로나 때문에) 그러면 지금 어머니께서는 일단 코로나만 아니면 이분들이 되게 그래도 잘할 수 있었을 텐데 하시는 거죠?

시연 엄마　　아니, 그렇게도 생각하진 않아요(웃음). 왜냐면 코로나가 일어나기 전에 특수단을 만났고, 특수단이 그렇게 얘기했어요. 아까 얘기했듯이 "지금 특조위 방해 세력 그거를 [조사]하려고 하고 있고, 총선 전까지는 그거에 연관된 어떠한 것도 할 수가 없다. 관례적으로 그렇게 해왔다"는 얘기를 하더라구요, 선거를 앞두고는.

면담자　　왜 이렇게 조사를 안 한다고 생각을 하세요?

시연 엄마　　(한숨 쉬며) 솔직히 제가 생각할 때 첫 번째는 의지가 없다고 봐야죠, (면담자 : 그니까 정권이 촛불혁명을 계기로 바뀌었는데도 불구하고…) 일하는 사람들도 마찬가지이고. 그리고 또 '정권이 바뀌어서 정권에서 꼭 진상 규명을 해주겠다' 이렇게 꼭 믿고 이렇게 했던 거는 아니거든요. 그래서 솔직히 저는 문재인 대통령이 광화문 천막에서 단식할 때도 한 번도 인사를 받거나 인사를 한 적이 없어요. 나는 '거기에 온 저기 국회의원들은 다, 다 뭔가가 있어서, 저것들이 자기네들 뭐 있어서 왔을 거야'라고 생각하고 진짜 인사도 안 받고, 정청래하고 둘이 했잖아요, 정청래 의원님하고. 그 두 분이 했을 때도 아는 척도 안 했어요, 둘 다. 인사해도 받지도 않았어요. 그랬는데 이제 대통령이 됐으니, 그때 대통령 되기 직전에 이제 팽목항에 오셨었거든요. 그때 가까이에서 처음 본 거죠. 그리고 팽목, 거들떠도 안 봤어요, 광화문에 있을 때는 거들떠도 안 봤는데, 근데 이제 그 사람이 믿음이 가거나 뭐 그게 아니라 '한나라당 그, 그 사람들, 그 사람보다는 낫겠지. 박근혜보다는 낫겠지' 이런 생각인 거지. '문재인 정부, 문재인이 대통령 됐으니까는 우리 거는 진상 규명[이] 무조건 될 거다'라고 저는 절대 생각하지 않았어요.

근데 이제 많은 국민들이 문재인 대통령을 지지하고, 세월호 참사랑 함께하고 해주셨던 활동가분들이 문재인 대통령 지지자분들이 많을 테니까 무조건 "조금만 기다리면 문재인 대통령이 해줄 거다", 조금만 우리가 정권에 대한 반응을 [자제]하면은, 뭐 우리를 좀 저기 한 사람으로 또 이렇게 몰아붙이고 이런 성향이 있었어요. 근데 저는 솔직히 제 입장에서는 저는 이 세월호 참사 진상 규명에 있어서 제일 믿는 건 우리 세월호 유가족들뿐이에요, 대통령도 아니고, 사참위도 아니고. 그래서 내가 아까 의지 얘기한 게 제일 의지가 강[한], 진상 규명에 대한 의지가 강하고 꼭 해야만 하는 사람들은 우리 세월호 참사 가족들이고, 유가족들이고, 그렇기 때문에 지금 특별조사위원회가 제대로 안 하면은 "또 만들어달라고 하면 되지" 이렇게 말하는 사람도 있는데 '과연 그렇게 해줄까'라는 거죠. "두 번이나 만들어서 안 나왔으면 없는 거지"라고 사람들은 얘기하고, 국민들도 여론이 그렇게 될 거 아니에요. '아니, 두 번이나 해서 안 나왔는데 쟤네들은 뭘 저렇게 계속 요구하고 하나', 그래서 참여도, 국민들에 대한 그런 공감대가 또 떨어질 거라는 저는 생각을 해요. 또다시 우리가 요구를 한다고 하면, 작년에 우리[가] 특별수사대 만들자고 외칠 때보다는 확실히 떨어질 거라고 봐요.

그래서 올 한 해에는 어떻게 해서든 해야 되겠는데, '이 피해자 가족들이 얘기를 해도 뭐 그런, 이런 식으로 나오니 국민들이 좀 움직여 줘야 되지 않나?' 싶어서 제가 이제 아까 처음에 말씀하셨던 것처럼 2014년도부터 저희와 함께해 주셨던 단체들을 만나서 같이 그분들이 특별수사단을 외칠 수 있게, 그리고 대학생들이 특별수사단을 외칠 수 있게 그런 거를 좀 만들어보려고 했는데 지금 다 그게 무산된 상태라서 굉장히 그게 좀 아쉽고, 지금 이런 상태로 코로나 때문에 조사도 못 하고 뭐 한다고 하면은 6, 7월에 종료를 못 하게 해야죠. 분명히 임관혁 단장이 우리한테 와서 "백서를 쓰는 심정으로 특별수사단 수사를 하겠다"고 했는데, '과연 우리가 만족할 만한 결과를 가지고 올 것이냐. 그렇지 않다라고 한다면 절대로 종료를 할 수 없게 만들어야 된다'고 저는 생각해요.

면담자   사참위의 가장 큰 문제는 뭐라고 생각하시나요?

시연 엄마   문제는 뭐냐면요, (면담자 : 거기도 의지가?) 사참, 거기도 의지가 아예 없는 건 아니죠. 거기에 있는 진상규명 국장님은 처음 초창기부터 우리랑 같이 활동해, 활동하셨던 분이에요, 그리고 거의 거기 진상규명국에 있는 분들은 1기 특조위에서부터 같이 활동하셨던 분들이고. 그래서 뭐 지친 분들도 계시겠지만 저는 그거, 그 사람들의 의지를 의심하거나 그러지는 않아요. 근데 이제 "거기에서 직접 이게, 이 지금 코로나 때문에도 조사[가] 제대로 이루어지지 않고 있고, 더 지켜봐야 하고 더 조사를 할 대상이 많아지면 종료 기간이 정해져 있어도 사참위 안에서 자체적으로 기간 연장을 신청해, 신청해야 되지 않나"라고 저희 가족협의회는 얘기를 하고 있는 거고, 그쪽에다가도 그런 의견을 얘기를 했죠. 근데 이제 그쪽에서 판단해야 될 문제인데, 아무 성과도, 그 우리가 원하는 성과를 내지 못하고 종료를 하게 되면 안 되잖아요. '어, 이거 조금만 더 하면 이거 할 수 있어. 조금만 더 하면 할 수 있어' 이런 단계도 있을 수 있잖아요.

그렇다고 한다면은 스스로 나서서 '아, 기간 끝났으니까 이제 그만해야 되지'가 아니라, 가족들이 요구해서가 아니라 거기 안에서 자체적으로 "우리는 이렇게 해서 조사를 더 해야 되겠다. 이렇게, 요만큼, 뭐 얼만큼 더 하면은 얼만큼의 성과가 더 있을 것이다라는 그런 확실한 걸로 해서 기간 연장을 사참위 자체적으로 해서 신청을 해서 좀 했으면 좋겠다"라는 우리는 가족협의회에서 요구를 좀 한 상태에요. 근데 아직 그쪽에서는 이제 정확한 답을 받지, 받지 못했지만 그렇게 해야 된다고 봐요. '그 결과로, 그 대답의 결과로 그 사람들의 의지를 볼 수 있는 게 아닐까' 생각해요 저는.

면담자   알겠습니다. 최근 상황에 대해서 의견이 어떻게 있으신가 겸사겸사 제가 한번 여쭤봤습니다. 오늘은 일단 2015년까지 제가 여쭤봤거든요. 오늘은 여기까지 하겠습니다. 그리고 다음번에 제가 뵙고 2016년부터 최근까지 아직 질문드리지 못했던 질문들 많이 있으니까 이어서 말씀을 듣도록 할게요.

시연 엄마   네, 고맙습니다.

2회차

2020년 3월 29일

1
시작 인사말

면담자   본 구술증언은 4·16 사건에 대한 참여자들의 경험과 기억을 기록으로 남김으로써 이후 진상 규명 및 역사 기술에 기여하고자 합니다. 지금부터 윤경희 씨의 증언을 시작하겠습니다. 오늘은 2020년 3월 29일이며, 장소는 안산시 단원구 4·16가족협의회 회의실입니다. 면담자는 이현정이며, 촬영자는 강재성입니다.

2
대외협력분과장으로서 활동 시작

면담자   저희가 지난번 1차 구술 때 2015년 정도까지 어머님이 어떤 활동을 하셨는지 쭉 들어봤고요. 오늘은 대협부서장을 하시기로 결정하게 된 계기가 무엇이었는지부터 이야기를 들어보았으면 해요.

시연 엄마   처음에 이제 제안이 들어왔을 때 (면담자 : 그게 언제 제안이 들어왔나요?) 이제 3기, 이게 가족총회를 앞두고 한 한 달 전부터 들어왔던 거 같아요, 한 달 전부터 그런 이제 반 대표들이[로부터]. 선거관리위원회가 반 대표들이거든요, 반 대표들이 저희 가족협의회 운영위원이기도 하고. 그래서 그쪽에서 이제 얘기가 나와서 했던 건데, 이제 자진해서 또, 그, 그런 얘기가 일단 나왔고, 저는 이제 생각을 해본다고 했고. 근데 이제 입후보하는 사람이 없었죠. 그 부서로 입후보

하는 사람이 없었고 하니까는 그때부터 적극적으로 다른 사람들도 계속 전화해서 얘기를 했었어요. 근데 이제 전년도에 10월 달에, 저희가 10월 말에 가족 워크숍을 갔는데, 거기에서도 이제 몇몇 엄마들이 다, "내년에 우리 선거할 때 니가 대외협력부서장으로 나왔으면 좋겠다"라는 얘기를 했었어요. 그래서 "아, 뭐 그러면 하지 뭐" 막 그냥 그 장난으로, 숙소에서 다 같이 모여가지고 이게 막 술도 먹고 얘기하면서 이제 그랬었는데, 이제 그거, 그 얘기가 있었어서 그랬는지 아무튼 간에 그 선거 얘기가 나오고 나서 반 대표들한테 연락이 몇몇한테 왔죠.

근데 솔직히 말해서는 그중에서는 저한테 상처 줬던 사람도 있고…. 그니까는 본인들은 모르게 그냥 툭툭 던지는 그런 말들이 저한테는 상처로 왔던 것도 되게 많았거든요. 그래서 솔직히 되게 고민됐어요. 그리고 같이 일할 사람이, 내가 나 혼자 일을 잘한다고 되는 게 아니잖아요. 같이 일할 사람이랑 마음도 맞아야 되고, 그렇기 때문에 저는 그런 거를 되게 중요하게 생각하는데, 그런 것도 어떤 식으로 누구누구 나올지 구성되지 않은 상태에서 내가 대뜸 이렇게 "뭐 하자, 뭐 하라"고 해가지고 이렇게 한다고 하기가 되게 고민이 됐었고, 내가 또 집중적으로 열심히 활동하면서 받았던 상처 또한 완전히 치유되지 않았던 그런 시기였기 때문에, 내가 가족들이랑 막 어울려서 이런 활동을, 또한 대외협력이 약간 그런 일이고, 가족들이랑 같이해야 되는 일이 많기 때문에 '과연 할 수 있을까?'라는 그런 생각이 많았어요.

면담자   지금 어머니께서 상처 이야기를 하시는데, 그동안 대협 팀장 일을 하시면서 조금 어려운 점들이 있으셨나 봐요?

시연 엄마   그리고 나서 힘든 점도 있었고, 그만두고 나서 힘든 점도 있었죠.

면담자   언제부터 언제까지 대협 일을 그만두셨던 건가요?

시연 엄마   어, 2016년도 말부터 거의 안 했던 것 같아요.

〈비공개〉

면담자   이후 이제 대외협력분과장을 맡으셨는데, 그 일을 하시면서 외부 단체를 만나거나 아니면 다른 사람들을 만나는 과정에서 겪으신 어려움들도 있었을 거 같아요. 그런 것 중에서 어떤 점이 좀 어려우셨는지 아니면 좀 힘드셨는지 말씀해 주시겠어요?

시연 엄마   그니까 처음에는 이렇게 연대활동을 해야 된다고 옆에서 계속 또 얘기도 하고, 뭐 여기도 만나고 저기도 만나고 했을 때 이해가 안 갔어요. '저게 왜, 우리가 왜. 우리는 지금 우리 꺼, 진상 규명도 제대로 못 하고 있는데 저게 세월호하고 무슨 상관이 있어서 자꾸 우리한테 만나라고 하나?' 그게, 그게 불만이었어요, 처음에는.

면담자   그런 이야기가 이제 4·16연대에서 나오는 건가요?

시연 엄마   아니요. 그니까 4·16연대에도 담당이 있었죠. (면담자 : 네, 네) 그래서 저랑 같이 일하는 사람, 담당이 있었어요, 김희옥 씨라고. 그 처음에는 이제 성상영 씨라고 그분이 2014년도부터는 계속 같이하다가 2월까지 하고 그 사람이 결혼을 했거든요. 그리고 결혼하면서 지방으로 내려가면서 인제 김희옥 씨하고 2월부터 하기 시작했죠.

계속 그 사람하고 쭉 했어요, 저는.

면담자   그러면 연락이 오면은 간담회도 이제 다시 어머님들이나 아버님들을 찾아서 보내시고 이런 역할을 하셨는데, 그러면 외부에서 '왜 이 사람들을 계속 만나야 되나?' 이러한 생각이 있으셨고요.

시연 엄마   어, 그러니까는 시민들 만나고 뭐 그런 거는 당연히 이제, 당연히 [해야 한다고] 생각했는데, 뭐 어떤, 뭐 솔직히 말하면 처음에는 '밀양, 뭐 강정, 뭐 이런 쌍용자동차, 이게 우리랑 무슨 상관이 있어 갖고 자꾸 우리한테 이 사람들한테 연대 뭐 하라 그러고 뭐 하라고 그러나. 이게 세월호랑 무슨 상관이 있지? 우리 진상 규명하고 이게 무슨 상관이지?'라는 생각을 했었어요. 근데 그때까지만 해도 제가 어떤 생각을 가지고 있었냐면, 4·16 그 국민대책위가, 세월호 국민대책위원회가 이제 2014년도쯤에 이렇게 시민들로 해서 이루어졌잖아요. 근데 그쪽에서 우리를 도와주기 위해서 우리 대협에서, 대협에도 투입되어서 우리 가족들이 공부할 수 있는 PPT[파워포인트 프레젠테이션] 작업이라든가, 왜냐면은 저희가 이제 가족들을 간담회를 보내기 위해서는 가족들 교육도 필요하거든요. 그래서 가족들 교육용 PPT를 이제 그런 사람들한테 이렇게 요청을 한다든가, 그 사람들한테 '어떤 식으로 하면 좋을까?' 그런 걸 자문을 구하는 그런 과정 속에 있었어요.

근데 이제 저는 그냥 '세월호 참사로 인해서 우리와 함께해 주기 위해서 모인 사람들이다' 제 생각에는, 이렇게 생각을 했던 거예요. 그래서 이제 이 사람들이 얼마나 어디에서 대단한 사람인지 전혀 모르는 상태이고, 그런 상태에서 그런 생각을 가지고 있었고, 그래서 그 사람들이 갑자기 회의해야 되는데 막 "일이 생겨가지고 요번에 못 갈 거 같다" 이렇게 얘기하면 막 화를 냈어요. '지금 세월호가 부업이에요? 어떻게 이렇게 할 수가 있냐?'라고 생각을 했어요. 근데 진짜 부업이었던 거지, 그 사람들한테는. 그니까 나중에 알고 보니 그 사람들이 무슨 유명한 시민 단체에서 파견을 몇 명씩 해서 내보내서 이제 국민 대책위에 들어와서 활동을 하고 했었더라고요. 근데 그걸 내가 나중에 안 거예요.

근데 그 전에 이제 그러니까 그 전에는 그런 내용을 전혀 모르니까 '우리가 여길 왜 가야 돼?' 막 이런 식으로 생각을 했었던 거죠. 그래서 나중에는 이제 굉장히 고맙고 미안하더라구요, 그 사람들한테 (웃음). 지금은 막 그렇게 얘기했던 사람들[을] 길에서 보면은 다른 유가족들[은] "안녕하세요. 안녕하세요" 해도 내가, 내가 딱 오면은 다 이렇게 해서 서로 안아주고, 이제 그렇게 사이가 좋긴 한데, 같이 일을 했던 사람들, 사람이니까. 그렇긴 한데, 그때는 제 생각이 그랬었다는 거예요. 그때는 이제 그런 생각을 가지고 있어서 '우리가 왜 그 사람들하고 연대해야 되나'라고 생각을 했는데, 돌이켜 보면 우리가 도보 행진 할 때, 뭐 할 때 그 사람들 없었으면 우리는 하지 못했잖아요. 솔직히 우리 힘으로 어떻게 그렇게 국민들을 조직해서 그 많은 사람들과 함께 도보를 하고, 우리가 그 광화문, 그 세월호 광장에서 싸울 때 옆에서 같이해 주고, 단식할 때 사람들이 우리한테 다 같이 광장을 지켜주겠다고 와서 일일 단식 돌아가면서 다 해주시고, 그걸 어떻게 했겠냐고요.

근데 그거를 돌이켜 보니 '내 생각이 되게 어리석었다'는 생각이

들었어요. 그러면서 그 우리가 연대활동을 해야 되는 그 단체에 대해서도 공부를 하게 되는 거예요. 처음에는 '아, 이런 거, 이런 단체도 있구나' 뭐 연대해야 된다니까 가서 인사하고 이게 다였다면, 그 2015년도에는 그 단체가 왜 싸우고 있고, 언제부터 싸웠고, 뭐 이런, 이런 거를 이제 제가 알아가기 시작한 거예요. 그래서, 그러면서 이제 '아, 이런 사람들이 있어서 그만큼, 그나마 내가 평화롭게 살 수 있었었구나'라는 생각이 들고, '이런 사람들도 있는데 나는 정말 무지하게 살았다. 틀에 박혀서, 내 안에서만 나는 살아왔구나'라는 생각이 되게 많이 들었고, 그래서 그 사람들한테 굉장히 고마웠죠.

면담자   그러면 어머님께서 초기에는 '왜 우리가 저 사람들한테까지 저래야 되나. 같이해야 되나'라고 생각하셨다가, 지금은 오히려 연대에 대해서 긍정적인 생각을 하고 계신, (시연 엄마 : 그때 2015년부터 그랬던 거죠) 2015년부터 이제 그런 생각을 갖게 되신 거네요. 그런데 지금도 어떤 면에서는 세월호 가족들의 진상 규명이라든지 책임자 처벌이라든지 이런 문제에 집중하기보다는 너무 여러 가지 문제들을 같이하다 보니까 힘이 분산되는 것을 안타까워하시는 분들도 계시거든요. 어머님은 특히 대협부서장으로서 이런 문제에 대해서는 어떤 생각을 하세요?

시연 엄마   그거는 돌이켜 보면은 알 수 있을 것 같아요. 우리가 2014년도에 우리 가족들만의 힘으로 우리가 여기까지 올 수 있었을까요? 어, 그리고 그냥 일반 국민들하고 우리 세월호 유가족만으로 이렇게 왔다고 저는 생각하지 않아요. 물론 우리를 이용했던 조직도 있었을 거예요. 없었, 없었다고 얘기하지 못해요. 하지만 그 사람들이 연대해 줌으로써 우리가 또 저는 있다고 봐요, 그 힘으로. 그리고 나서 연대 얘기가 나와서 하는 말인데, 저는 그 사회적 참사 뭐 유가족분들, 피해자분들이나 재난 참사 피해자분들과 유가족분들과의 연대활동을 굉장히 중요하게 생각[하]거든요.

제가 어저께도 말씀드렸듯이 저희가 세월호 참사 났을 때 아무것도 몰랐을 때 인하대 [봉사단 산사태 사망사고] 어머님이 오셔서 열흘 동안 저희에게 싸워왔던 이야기, "얘네들을 어떻게 대처해야 된다"라든가, 뭐 "우리는 이렇게, 그쪽에서 이렇게 나왔을 때 우리는 이렇게 했다"라든가 뭐 이런 얘기를 [많이 해주셨어요]. 솔직히 기억이 잘 나지가 않아요, 어머님이 어떤 식으로 얘기했는지. 근데 이, 그런 얘기를 해줬어요. 우리는 이런 식, 그때는 이제 인하대 싸움이 마무리 지었을 때였기 때문에, 그래서 이제 어머님이 우리가, "우리는 여기에서 이렇게 대응했을 때, 지자체에서 이렇게 대응했을 때 우리는 이렇게 했다" 이런 식의 말씀을 어머님은 해주셨었거든요. 그래서 솔직히 우리가 그 시기만 해도 '어휴, 우리가 저 사람들을 상대로 이길 수 있을까? 정부를 상대로 이길 수 있을까? 우리를 그 팽목항에서 그렇게 고립시키고 그랬던 사람이, 그런 사람들이었는데' 그런 이제 막 생각에 젖어 있을 때 어머님이 또 오셔서 그런 말씀도 해주시고 해서 저는 참 도움이 많이 됐었던 상황이거든요.

그래서 이제 그런 사람들의 연대활동이 저는 굉장히 중요해서 그런 데는 꼭 빠지지 않고 지금도 가고 있는데, 안 그런 가족들도 상당히 많아요. '왜 우리가 그 사람들에게까지 저기 하냐'고 생각하는데, 가보면, 만나보면 또 틀린 거예요. 왜냐면은 우리 세월호 참사 이전에

났던 참사 유가족들을 만나면 그분들은 우리한테 되게 미안해해요. "우리가 이렇게 적극적으로 싸우고, 이렇게 했으면은 세월호 참사가 이렇게 오래가지 않았을 텐데 미안하다"라고 우리한테 되려 사과해 주시고…. 이 세월호 참사 이후에 났던 사회적 참사나 재난 참사 유가족들은 "세월호 참사 진상 규명이 되면 우리 게[건] 무조건 다 된다"[라고 하시기도 해요]. 솔직히 부담도 되지만 그분들이 그렇게 해서 저희를 바라보고 있는 거예요.

그래서 세월호 참사, 저희가 뭐를, 여기 무슨 기억식이나 뭐를 한다 하면은 제주도에서, 뭐 대구에서, 어디에서 다 찾아와 주세요, 우리한테 그 참사 유가족분들은. 그렇기 때문에 저희는 더 뭐 그런 이유 때문에라도 진상 규명을, 또 우리 아이, 아이들 때문이 제일 중요하지만, 그래서 진상 규명을 꼭 해야 되고, 그분들이 세월호 참사 진상 규명을 위해서 같이 행동해 주시고 있고, 그런데 우리 유가족들은 '아, 우리 게 더 중요해' 하고 또 다 이렇게 하지 않는다면, 저는 그것도 아니라고 보거든요.

그리고 이따가 또 얘기를, 말씀드리겠지만 제가 유럽에 가서 누구는 "뭐, 관광하고 왔네, 가서 뭐를 하고 왔네" 막 이러면서 말들이 굉장히 많지만, 저희는 보름 동안, 딱 보름 동안 9개국을 다녔어요. 9개 국을 보름 동안 다니면서 이동 시간만, 이동 시간만 얼마나 됐겠냐고요. 정말 3시간 자고, 진짜 3시간, 4시간 자고 이동을, 아침에 [영국] 리버풀에서 가[서] 아침에 미팅하고 저녁에 뉴몰든[런던 교외 지역]에서 간담회 하고, 그리고 다 끝나고 집[숙소]에 11시, 12시에 들어가서 라면 하나 끓여 먹고, 새벽에 비행기 타고 딴 나라 가고, 이렇게 일정을

시연 엄마 윤경희

막 했던, 했었는데, 갔다 오니 또 무성한 말들로, 막 둘이 간 것도 아닌데 막 그런 것 때문에도 솔직히 굉장히 힘들었지만, 거기에 와서 제가 이제 깨닫고 온 거는 연대의 중요성을 또 깨달은 거예요.

왜냐면은 그런 유럽에 있는, 유럽의 제가 이제 한 하나, 둘, 셋, 네 개의 피해자 단체를 만나고 왔는데, (면담자 : 어떤 단체를 만나셨나요?) 펜박[FENVAC, 프랑스 테러참사피해자전국연합], 프랑스에 있는 펜박이라는 단체를 만났고, 그다음에 에스토니아호 [참사] 유가족들 만났고요. 그다음에 그 아, 벨기에에서 만나기로 했던 분들은 못 만났다, 시간이 안 맞아서 못 만났고, 그다음에 그 [영국의] 힐즈버러 참사 유가족분들을 만났어요. 그 힐즈버러 참사도 유가족회가 두 개거든요. (면담자 : 아, 그런가요?) 그래서 두 분들을 다 만났어요. 양쪽에 있는 대표분들을 다 만나고 왔었죠. 근데 저희가 이렇게 그분들을 만났을 때 느낀 건 뭐냐면 그분들은 우리나라 같이 시민들이 나서서 같이 막 이렇게 우리처럼 해주고 연대해 주고 이러는 게 전혀 없는 거예요. 본인들과 변호사들만의 싸움인 거죠. 그래서 굉장히 우리 세월호 참사를 보면서 대단하다고, 한국 정말 대단하다고 이런 생각을 해서 되게, 되게 흐뭇했어요, 솔직히 말씀드리면은. 우리는 솔직히 우리가 뭐를 해야 된다, 그 지금 대구 그 코로나 사태만 봐도 어려움에 처하면 우리 국민들은 또 막 일어나서 같이하고, 함께하고 이런 게 있잖아요, 우리 대한민국은. 근데 유럽은 거의 그런 게 전혀 없다 보니 그런 거에 있어서 이 세월호 참사로 인해서 많은 국민들이 이렇게 함께해 주고 있고, 지금도 함께 싸워주고, 싸워주고 있다는 거에 있어서 그분들이 굉장히 대단한 일이라고 저희한테 얘기를 했고. 그분들 얘기[를] 들었을 때 그분들은 너무나 힘든 싸움을 하고 있었어요.

그런데 이제 제일 마지막에 만난 게 펜박이라는, 프랑스의 펜박이라는 단체인데, 그 단체는 리옹역[기차 충돌사고]에서 아들을 잃은 그 아버님께서 29년 동안 싸워서 그 펜박이라는 단체를 만드셨죠. 근데 이제 그게 펜박이라는 단체에서 하는 일은 뭐냐면, 재난 참사가 일어나면 그쪽으로 연락이 와서 가서 유가족 지원을 하는 거예요. 피해자 지원, 피해자 지원을 하는 거예요. 피해자, 100여 개의 재난 참사 유가족들이 이제 거기에 소속되어 있고요. 어, 거기는 이제 국가에서 기소권, 수사권까지 거기에 다 줬어요. 그래서 만약에 어디에서 재난 참사가 일어나면, 펜박에서 직접 가서 그 피해자들[을] 서포팅[지지] 해준다고 해야 되나? 이제 그런 걸 다 해주는 거죠. 그리고 피해자, 내가 이제 재난, 내가 피해자가 됐을 때 같은 피해를 입은 가족들이 다가와서 얘기를 해준다는 건 굉장히, 제가 어저께 말씀드렸듯이 대구 지하철 생존자분이 오셔서 말을 걸어줘서 말을 텄다고 했잖아요. 제가 경험한 바로도 그게 훨씬 더 힘이 되고 치유가 되고 위로가 되는 거거든요. 그래서 저는 이제 그 펜박에서 그걸 보고 '우리나라에도 이런 시스템이 있으면 정말 좋겠다. 만약에 세월호 참사 났을 때 이런, 이런 시스템이 있었다고 하면, 우리가 그때 거기서 그렇게 힘들지 않았을 텐데'라는 생각이 들었고, '그런 단체를[가] 우리 세월호 참사로 인해서 만들어지면 얼마나 좋을까?'라는 생각을 했어요. 그래서 이제 그거에 대한 또 관심이 굉장히 높아졌겠죠. 또 저의 꿈이기도 해요, 지금은, 그런 단체를 만들고 싶은 게. 이제 그래서 더,

132
•
시연 엄마 윤경희

갔다 와서 더 그런 피해자, 그 다른 재난 참사 유가족들이나 사회적 참사 유가족들한테 힘이 되어주고 싶은, 같이 연대해 주고 싶은 그런 생각이 굉장히 깊어요, 저는.

그니까는 직접 이렇게 본인이 느껴야지 되는 거 같아요. 그래서 가족들에게 강요하진 않아요. "여기 가야 돼. 가자" 이렇게 강요하진 않거든요. 근데 이렇게 몇몇의 가족들은 느끼고 있는 가족들이 있을 거예요. 솔직히 용균이, 용균이 이렇게 [태안화력발전소] 사고 났을 때도 '우리가 어떻게 다가가야 하지?' 하고 두려워하고 있을 때 그쪽에 이제 또 비정규직 철폐 운동하시는 그쪽 분이 또 우리 국민대책위 소속이었던 분들이 이제 또 거기서 또 다 도와주시고, 다 그분이 그분이시더라고요. 이제 그분이 연락을 해주시기를 "어머님이 혼자 싸우고 계시니까 어머님, 어머님들이, 세월호 어머님들이, 이 어머님들[이] 와서 이래 줬으면 좋겠다"라고 그쪽에서 먼저 요청해 왔고, 스텔라데이지호 참사 났을 때도 연락이 이렇게, 그렇게 해서 왔었고.

근데 그쪽 대책위 사람들이나 (웃으며) 우리 했었던[도와줬던] 사람들이나 다 똑같은 사람들이에요, 다 우리 거 해줬었던 사람들이고. 해서 스텔라데이지호 참사 났을 때도 이제 저희가 그때부터 계속 지금까지도 연대 잘하고 있고, 만나고 있고, 서로 이렇게 조언해 주고, "이때는 이렇게 했으면 좋겠다" 저런, 뭐 거기서는 "어떻게 하면 좋을까?"라고 이렇게 의논하고 이런, 이런 지금 중이고….

용균이 어머니 같은 경우는 지금 재단까지 이렇게 일어났지만, 처음에 용균이 잃고 광장에 모여서 저희 광화문광장 앞에서 저녁마다 이렇게 집회하고 할 때, 용균이 어머니 오시면 저희 가족, 엄마들 몇 명 해서 가가지고 용균이 엄마 옆에 그냥 있어드리고…. 그것만으로도 어머님은 굉장히 좋아하셔요. 어, 그니까 좋아한다기보다는 뭐라 그러지? 그니까 막 혼자로 느껴지는 그런 느낌을 좀 없애고, '옆에 우리 있어요'라고 그런 생각이라도 갖게 하려고 이렇게 가는 거거든요. 우리가 무슨 힘이 되겠어요, 솔직히 우리는 그거에 대해서 잘 알지도 못하는데. 그런 의미에서 그냥 저희는 같이 이렇게 하고 있는 거거든요. 그래서 그런 중요성을, 그런 거에 대한 중요성은 굉장히 있다고 봐요.

그래서 이제 제주도에 있는 민호, 그 생수 공장에서 일하다가 사망한 민호 아버님도 저희들한테 자꾸 연락하고 그러는 이유가 고등학교에서 일어난 사고잖아요, 실습, 실습 나갔다가[2017년 11월 제주도의 음료 공장에서 현장실습생으로 일하던 고교생 이민호 군 사망사고]. 그러니까 교육청하고도 싸워야 되고, 아무리 그거는, 그게 이제 직장에서 일어난 사고라고 하지만 돌이켜 보면은 세월호 참사하고는 완전히 다르지만, 돌이켜 보면 이거는 고등학생 아이가 사망한 사건이고, 교육청에서 제대로 이거를 인정하지 않고 막 회피하는 입장이고, 부모님 두 분이서 또 너무 힘들어하시고, 아이가 용균이나 민호나 너무 참혹하게 사망한 사건이고, 또 두 부부끼리, 이렇게 엄마, 아빠만 이렇게 싸우고 있으니까 뭔가 우리가 힘이 되어주고 싶은 생각이 있었어요. 그래서, 근데 우리가 또 뭐를 이렇게 막 해줄 수 있는 것도 아니고 하니까 뭐 변호사를 소개시켜 준다든가 뭐, 뭐 같이 얘기를 들어준다든가 이런 거밖에 할 수 없는 건데도 그분들은 굉장히 우리, 거기서 뭘 할 때 뭐 100일, 뭐 1주기, 뭐 이런 거 할 때 우리 가족들이 감으로써 굉장히 든든해하시고 반가워하시고 막 그러시거든요.

그래서 저는 이게 아까도 말씀드렸듯이 굉장히 중요하다고 생각도 들면서 이런 단계에 있어서 저희가 세월호 참사 진상 규명, 책임자 처벌, 안전한 나라 만드는 거를 목표로 이렇게 6년 동안 싸우고 있는데, 그 안전한 나라가 재발 방지 대책만 세우면 될 것이냐, 저는 아니라고 보거든요. '우리 같은 피해자들이 더 이상 나오지 않게 피해재를] 지원할 수 있는 그런 단체나 그런 법도 정확히 만들어놔야 안전한 나라가 되지 않을까?'라는 그런 생각이 들고…. 또 때맞춰 저희 [4·16]재단이 또 생겨났잖아요. '재단이 생겼으니 재단을 이용해서 그런 또 활동을, 사업을 좀 진행하면 좋겠다'라는 그런 생각을 가지고 있고….

그래서 이제 작년에 제가 부서장 되고 그런 얘기를 이제 재단 나눔사업 팀장이랑 얘기를 하면서 올해 사업 기획으로 그걸 잡았어요. 잡아서 진행을 하려고 하는데 코로나 때문에 (웃으며) '6주기 전에 그런 모임을 한번 만들어서 우리 피해자, 한국에 있는 피해자 단체들 모여가지고 회의도 좀 하고, 워크숍 같은 것도 하고, 그런, 이런 거를 좀 수순을 밟아보자. 지금 뭐 그렇게 우리가, 우리도 기소권, 수사권 있는 그런 단체를 만든 순 없겠지만 우리가 뭉쳐서 뭐라도 한번, 우리가 같이할 수 있는 뭘 하나라도 이렇게 만들어보자'라고 지금 사업 기획을 하고, 해놨고, 그거를 이제 코로나 때문에 진행을 하지 못하고 있지만 이게 좀 지나가면 조금씩 그런 모임들을, 그분들을 이제 같이, 그분들과 다 같이 만나서 얘기하고 그러는 자리를 좀 만들려고 하고 있어요.

135
•
2회차

3

단원고 교실 문제와 제적처리에 대한 생각

면담자　　지금까지 여러 단체도 만나보시고 또 유럽에도 나갔다 오시고 그랬는데, 지금 말씀하시는 것을 들으면 프랑스의 펜박이, 생각하시기에 우리가 앞으로 나아가야 될 어떤 모델이라 보시는 건가요?

시연 엄마　　네, 네. 저는 '그런 단체가 우리나라에도 있었으면 참 좋겠다'라는 생각이 듭니다.

면담자　　수사권과 기소권도 가지고 있고요. (시연 엄마 : 그러니까. (웃음)) 그러게요. 우리는 특별법을 만들면서도 그것을 갖지 못해서 사실 참 (시연 엄마 : 네, 네. 그렇죠) 아쉬웠는데요. 지금 유럽에 가신 이야기를 하셨는데, 그때 단원고 교실 존치와 관련된 이야기는 들으셨을 거 같아요. 거기에 대한 생각은 어떠셨나요? 그게 사실 가족분들 중에서도 의견이 조금 (시연 엄마 : 나뉘죠) 나뉘고 했었잖아요. 어머님 생각은 어떠셨나요?

시연 엄마　　음, 솔직히 마음은 아프죠. 교실을 뭐 없애고, 이런 생각까지 들었어요. 그러면 교실을 없애고, 그때만 해도 지금 교실을 쓰고 있지 않잖아요, 거기를. 그때만 해도 "교실이 부족하고", 어쩌고 뭐 그런 핑계를 대서 "그 교실을 써야 된다"라고 얘기를 했는데, '과연 그 교실을 리모델링해서 거기서 수업을 아이들이 들어가서 받을 수 있을까? 만약에 거기서 아이들이 뭘 해서 다치기라도 한다 그러면 거기서 또 무슨 괴소문이 일어날까? 무슨 말들을 만들어낼까?' 저는 이런 생각이 들었어요. '그래, 빼라면 빼야지. 드러워서, 드러워서 뺀다' 막 이런, 이런 생각하면서, '그렇지만 거기에서 애들이 과연 수업할 수 있겠냐', 나 같으면 내 아이 거기 들어가서 수업하는 거 나는 반대거든요. 왜냐하면 단원고 아이들도 트라우마가 굉장히 심해요. 같이 함께했던 선배가, 후배가 그렇게 됐는데, 거기에 들어가 가지고 그 교실에 가서 맨날 쉬는 시간마다 가서 울고 있고, 애들이 이랬던 교실인데, 거기가 리모델링을 싹 거기 고쳐지고, 나는 거기에 있는 재학생들도 원하고 있지 않다고 생각하거든요.

그 아이들이 그 교실이 있음으로 해서 상처받는다고 생각하는 학부모들이 저는 잘못됐다고 생각해요. 어, 그냥 그런, 근데 이제 그게 정서적으로나 뭘로나 아이들에게 힘듦이 있으니 그 교실을 빨리 없애려고 재학생 엄마, 재학생 부모님들이 더 나서서 이제 그런 거를 했던 거고. 그 과정에서 그때는 막 부딪쳤던 거잖아요, 초기에는. 엄마들이 책상을 들고 나오고 하는, 하면서…. 그래서 이제 그 상황에 저는 거기에 가지는 않았지만, 그때 2015년도면은 저는 이제 맨날 서울 갔을 때거든요, 2015년도 말. 그래서 이제 그런 생각에, '야, 그래. 그러면은 그냥 빼면 되지. 어, 근데 과연 니네가 거기 가서 그렇게 하면 마음이 편하겠냐?' 솔직히 이런 생각이었어요, 저는.

근데 이제 유럽에 갔을 때 전화를 받, 전화가 왔어요, 우리 올케한테. 우리 올케한테 전화 와서 "야, 너 이거 알고 있었냐? 우리 애들 제적처리됐단다"라고 얘기를 했는데 그날 너무 힘든 날이었어요. 밤늦게 12시 다 돼서 이탈리아에 도착해 가지고, 새벽에 6시에 밖엘 나왔

137

2회차

거든요. 그때 그 바티칸에, 로마 바티칸에 이제 교황님을 무작정 만나러 갔던 거고, 거기는 아는 사람이 딱 한 명밖에 없었어요, 교민들 아는 사람이 딱 한 명. 그래서 간담회를 조직하고 뭐 하고 딴 데처럼 막 이거 한 게 아니라 거기서는 딱 교황님한테 우리 메시지를 전하고 오는 거. 그래서 새벽 6시에 나가서 사람들 그 많은 데를, 막 바티칸에 가서 뚫고 자리 잘 잡으려고 일찍 나갔는데도 전 세계에서 온 사람들이 너무 많은 거예요.

그리고 들어왔더니, 밥도 다 굶고, 쫄쫄 굶고, 6시에 준비해서 나가려면은, 6시[에] 나가려면 5시에는 일어나서 준비를 해야 되겠죠, 다른 나라에서 우리는 [밤] 12시 다 되어서 도착을 했는데(웃음). 그래서 이제 준비를 하고 나가서 그 교황, 자리를 잡고 뭐 하고 정말 너무 서럽더라고요, 거기 가서 서, 그 천막 들고, 그 현수막 들고 서 있는데. 이제 그러고 나서 거의 3시 되어서 거기서 나왔어요, 바티칸에서. 나와가지고 정말 그 진이 다 빠졌겠죠, 사람들한테 막 치이고, 뭐 하고 서러워 울고.

그래서 거기서 또 왜 더 서러웠냐면, 저희가 아이들 옷을 이렇게, 아이들 사진 있는 옷을 입고 갔는데, 그 크로아티아에서 온 그 친구들이 이렇게 열몇 분이 계셨는데, 저희가 현수막을 쫙 펴지 못했어요, 자리가 다 좁아 가지고. 그런데다가 저하고 4·16연대 간사하고 둘이 있었고, 목사님은 계속 촬영을 했었고, 예은이 아빠는 뭘 두고 왔다고 숙소에 나가, 다시 갔는데 거기서 한번 나갔다 들어오려면 시간이 너무 오래 걸리잖아요. 그니까 거의 그 현주하고 저하고 둘이 있었던 거예요. 그 여리여리한. 그러니까 이제 그거를 서러워서 이렇게 들고 있는데, 그, 그 크로아티아에 있던 그분들이 오셔서 제 옷을 보더니 "이 아이의 엄마냐? 나도 세월호 참사에 대해서 알고 있다" 그러면서 우리가 들고 있는 현수막을 보면서 "같이 들어주겠다" 그래서 그걸 쫙 펼쳐서 그분들이, 교황님 보기 위해서 달려온 그분들이 저희 현수막 들어주시느라고 교황님 보는 거를 포기한 거죠. 왜냐면은 현수막을 이렇게 들면은 얼굴이 보이지 않거든요. 그래서 그분들이 같이 들어줬어요. 그러면서 "끝까지 잊지 않겠다"라고 저희한테 얘기를 해줬어요. 너무 감동이었어요. 그 힘듦이 다 없어졌었죠.

근데 이제 다 끝나고, 그분들하고 이제 인사하고 다 끝나고 밖에 나가려고 할 때가 오후 3시였고, 밖에까지 이제 거기는 또 교통이 되게 안 좋다 그래서 거의 도보예요, 유럽은. 도보로 많이 이동을 했거든요. 그래서 밖에 나와서 간신히 이제 중국집 하나를 찾아서, 이제 그때는 이제 그 로마에 계신 한 분이, 이제 세월호 지지해 주시는 분이, 그분이 이제 예은이 아빠 학교 선배였어요. 근데 한 번도 못 본 선배, 그냥 같은 고등학교에 (웃으며) 페이스북에서만 알고 있는. 그래서 그분이 이제 예은이 아빠가 "유럽, 거기 우리 이탈리아에 가는데 거기 아는 사람이 없다" 이제 페이스북에 올리니까 거기에서 연락이 와가지고 (웃으며) 거기서 처음 본 거예요.

그래서 이제 그분이 이제 그 거의 막바지에 이제 바티칸에 같이 들어오셔서 같이 있다가 이제 식당까지 같이 가서 있었는데, 그때 연락이 온 거예요, 단원고 그 학교 얘기가. "제적처리됐다"[라는] 얘기가, 그런 전화가 저한테 왔고, 뭐 예은이 엄마한테도 오고, 예지 엄마한테도 오고, 예은이 엄마는 이제 "예은이 아빠가, 예은이 아빠가 되게 힘들 것 같아서 연락을 못 하겠다" [하고], 그니까 거기서는 예은이 아빠가 없으니까, 교실 안에서는 "지금 교실이 이 난리인데 집행위원장님이, 집행위원장이라는 사람이 유럽에 지금 놀러 갔다" 막 가족들까지도 이렇게 얘기를 막 하는 거예요, 우리는 거기서 너무나 바쁘게, 힘들게 살고 있는데. 그니까 예은이 엄마도 거기서 이제 상처받으니까 예은이 아빠한텐 전화를 못 하고, 이제 저한테 카카오톡으로 막 물어보고 이제 이런 상황이었죠.

"이게 어떻게 된 거야?"라고 이렇게 물어보더니 우리도 모르는 상황이고, 예은이 아빠도 모르는 상황이었었던 거죠. 그래서 예은이 아빠는 밖에 나가서 밥도 못 먹고 계속 전화 통화하고 있었고, 저는 이제 카톡으로 막 대응을 하고 있었어요. 그래서 솔직히 말하면 그거에 대해서 그렇게 막 신경을 쓰지 못했던 거예요, 그런 상황, 그런 상황이어서. 그리고 밥만 먹고 끝났냐? 그게 아니고 그분[예은 아빠 선배]이 갑자기 오셔서 밥을 먹고 있는데, "저녁에 우리 교회에서 그 근처에 있는 한인들 모시고 간략하게 간담회를 하자"라고 그분이 제안을 하셨어요. 그래서 "한 15명, 근데 기대하지 말아라. 한 15명 정도 올 거다"라고 얘기를 했고, 근데 숙소에 가서 잠깐 한 1시간 쉬었나? 그러고 나서 다시 이제 그 교회를 갔는데, 15명이 아닌 70명이 온 거예요. 그래서 우리는 너무나 놀랐죠. 그니까는 거기 로마에는 이제 세월호 활동하는 교민 단체나 이런 데가 없었기 때문에 너무나 관심이 있었지만 사람들이 오지 못했는데, 이런 거를 한다고 하니 사람들이 여기 저기서 막 소문 듣고, 그 몇 시간 사이에, 한 2시간 사이인 거죠, 그 시간에, 그 많은 사람들이 모였던 거예요. 너무나 감동이었어요, 그 자체가. 그래서 교실에 대해서 별로 신경 쓰지 못했어요. 근데 그 얘기를 하려니, 이탈리아 얘기를 다 하고 있네, 재작년 얘기를 하려니. (면담자 : 아니요. 괜찮습니다) 네, 네.

4
함께 연대해 준 활동가들에 대한 고마움

면담자 그러면은 그다음 이야기로 갈게요. 2015년 11월 14일에 민중총궐기 대회에 가족분들이 다 참여를 하시고, 그 당시에 폭력적인 (시연 엄마 : 캡사이신) 네, 캡사이신 물대포로 백남기 농민이 돌아가시게 되는 그런 상황인데요. 그런, 좀 과격한 집회에 참여하셨을 때에 느낌이라든지, 기억나는 에피소드라든지 그런 게 있으신가요?

시연 엄마 저는 솔직히 말하면은 그런 집회를 할 때 무슨 겁이 나거나 뭘 하거나 이게 아니라, 캡사이신 맞고 힘든 거 생각나고, 이게 아니에요. 그거는 나는 이제 유가족이니까, 우리의 싸움이니까 그렇다고 치지만, 우리 옆에서 같이 도와줬던 사람들이, 그 사람들이. 우리는 안 잡아가거든요, 솔직히. 그리고 우리는 잡혀가면은 그냥 그날 몇 시간 있다가 그냥 풀렸나요, 유가족들은. 근데 계속 앞장서서 마이크 잡고 시민들 모이게 하고 그랬던 사람들 위주로 잡아가거든요. 그래서 저는 이제 그런 민중총궐기를 생각을 하면 걔네들이 혈안이 돼서 그 사람들을 잡아가려고 했던 거. 우리 유가족들은 그분을 어떻게 해서든지 우리 유가족처럼 보이게 하려고 우리 옷[을] 벗겨가지고 입히고, 우리 사이에 끼워가지고 막 팔짱 끼고 다니고….

또 우리 가족들[을] 몰이한 적이 있거든요. 시민들하고 완전 확 분리시켜 가지고, 그런 적이 한 번 있어요. 또 인사동까지 갔을 때 그때도 이제 그런 일이 있었어요, 그런 사람들만 잡아가려고. 마이크 있던 차를 부순다든가, 경찰이 그쪽으로 향해서 물대포를 계속 쏜다든가 막 그렇게 해서, 저는 이제 그때 생각을 하면 우리들, 가족들도 참 많이 고생하고 했지만 옆에서 그렇게 고생했던 그 활동가 몇몇 분들이 저는 굉장히 고맙고 지금도 생각이 나요. 그래서 그분들이 그렇게 준비하고, 국민들을 이렇게 모으고, 모으는 일에 앞장서서 마이크 잡고 시민들한테 막 호소하고, 우리 가족들이 직접 마이크 잡고 호소하고 한 건 몇 번 안 돼요. 특히 위원장님이나 집행위원장님 두 분이서 돌아가면서 한마디씩 하는 게 다고, 다 그분들이 해서 사람들을 이렇게 모은 거잖아요, 나서서. 그래서 그분들은, 그분들은 자기네가 잡혀갈 거 감수하고 이제 그런 일을 해줬던 분이잖아요. 우리 유가족들은 우리가 금방 풀려날 거라는 걸 우리가 알고 있거든요(웃음). 그래서 그런 게 되게 미안하고 하면서도 계속 걱정되고, 눈에 안 보이면은 전화해서 "지금 어디냐?"고 막 물어보고 막 그랬던 기억이 나요.

그리고 정말 화났던 건 우리가 이렇게 해서 여기를, 뭐 물대포 맞고 뭐 하고, 시민들과 같이해서 이곳에 있었는데, 너무나 허무하게 "어, 이렇게, 이렇게 하기로 했으니 가자"라고 해서 그냥 되돌아와서, 그냥 이렇게 그 길로 오는 거, 그런 게 저는 제일 화났던 거 같아요. 거기, 거기까지, 문 앞에까지 갔는데, 가로막혀서 못 가서 거기에서 막 노숙을 하고 자고 있었는데, "아, 언제 다, 언제 만나서 합의하라

시연 엄마 윤경희

고, 합의하기로 했고 이랬으니까 이제 되돌아서 왔던 길로 다시 가면 돼", 거기에서 나는 그런 거에서 너무나 허무하고 화가 났어요. '뭐야 이게. 내가 왔던 길로 다시 가려면 여기를 왜 왔어?' 그래서 그때 한번 너무나 화가 나가지고 "나는 그 길, 나는 그 왔던 길로 다시 가지 않겠다. 나는 이 길로 가겠다. 여기 대한민국 시민이 갈 수 있는 길이야. 근데 나는 왜 못 가? 내가 세월호 유가족이라는 이유로. 나는 이 길로, 이 길로 다시 거기로 가겠다. 우리 광장으로 가는 길이 우리가 왔던 길이 아닌 이 앞의 길로, 우리가 가려고 했던 길로 해서 나는 그곳에 가겠다" [하니까] 와서 가족들도 (웃으며) 나한테 말리고….

박주민 의원이 그때 같이 노숙했는데, 그때 박주민 의원이 막 계속 이렇게 막 하는 거예요. "아니다. 나는, 나는 대한민국 국민이고, 대한민국 국민이면 다 이 길로 갈 수 있고" 그니까 경찰들이 막 또 와 가지고 못 가게 하고, 또 막고 그래서 "왜 나를 못 가게 하나. 여기는 아무나 갈 수 있는 길인데, 왜 세월호 유가족은 이 길을 가면 안 되냐" 그래서 혼자서 막 성질내고 거기로 갔던 기억이 나요(웃음).

면담자   어머니께서 주변 단체들의 활동가들에 대해서 고마워 하시고 또 그들이 고생하는 모습에 미안한 마음도 든다는 이야기를 해주셨는데요. 특별히 누가 더 기억이 난다라는 어떤 특별한 활동가 분이 계실까요? 마치 아까 프랑스에서는 펜박이 특별히 기억이 나셨 듯이 대협 활동을 하시면서 '아, 이분에게는 정말 도움을 많이 받았다' 내지는 '이분이 활동하는 모습을 보고 많이 깨달음을 얻었다'라든지 한 것이 있으시면 말씀해 주세요.

시연 엄마   어, 제가 아까 얘기했던 "세월호가 부업이, 부업이에요?"

(웃으며) 라고 저한테 욕을 먹었던 그 사람이 주권연대[진보연대]인가? 아무튼 그 별로 그런 거에는 저는 관심이 없어요. 어떤 단체인지, 아무튼 무슨 단체예요. 그 단체[에] 있는 사람인데, 주재준 씨라고 그분한테 제가 이제, 우리가 도움도 많이 받았지만, 처음에 우리 가족들이 어떤 식으로 간담회 하면 할지, 간담회 가서 어떤 식으로 얘기할지, 이런 PPT 작업이나 이런 것들 도와줬던 분이 주재준 씨거든요, 그래서 그분한테 굉장히 감사하고. 왜냐면 우리 가족들[은] 아무도 모르, 아무것도 모르는 상태였고, 가족들이 나처럼 '정말 이 사람이 뭐 하는 사람인가'도 궁금해하지 않고, 무조건 그냥 '우리를 도와주기를, 도와주기로 했던 그냥 국민이구나' 하고 함부로 대했을 수도 있고 그랬는데, 그 와중에서도 우리랑 함께해 줬던 그분 굉장히 고맙고.

그다음에 지금 작가로도 활동하고 있지만, 인권운동 하고 있는 미류, 미류 작가, 미류 씨랑 그다음이 박진 언니랑, 그 두 분이 앞장서서 마이크 잡고 우리가 그 민중총궐기 할 때나 집회할 때 앞장서서 마이크 잡고 제일 많이 해줬던 분들이거든요. 그래서, 지금 뭐 중간에 무슨 오해들도 있고 뭐도 있고 했었지만은 저는 그분들한테 굉장히 지금도 제일 고마워요. 물론 준비해 줬던 우리 연대 사람들이나 다른 사람들[도] 굉장히 많았겠죠. 근데 제 뇌리 속에 있는 건 그 세 분이에요.

면담자   이제 2016년으로 갈게요. 특별법 개정 그리고 세월호 특조위 선체부 조사 보장 등을 촉구하면서 가족들이 농성을 하게 되죠. 그리고 그 이후에 8월 24일부터는 가족협의회가 무기한 단식을 선언하게 돼요. 어머니도 참여하셨던 거로 알고 있는데요, 그때 느끼셨던 점에 대해 말씀해 주세요.

시연 엄마　　　어, 그 국회, 저기, 저기 뭐지? [광화문] 정부청사 앞에서 저희가 노숙 농성을 들어갔는데요. 그 특별조사위원회를 저희가 정말, 저희들이 정말 열심히 싸워서 껍데기뿐인 특조위이지만, 수사권, 기소권도 없는 그런 특조위이지만 그래도 저희 가족들이 만들었어요. 만들어줬는데, 준비하는 과정 과정이 또 굉장히 [힘이] 많이 들었겠죠. 근데 그 준비하는 과정까지 조사 기간으로 해서 종료를, 강제로 종료시키려고 국가에서 그렇게 시도를 했단 말이에요. 그래서 특조위 조사위원들뿐만 아니라 우리 유가족들도 "이거는 합당하지 않다"라고 요구하면서 정부청사 앞에서 이제 노숙 농성을 들어갔던 거예요. 그 과정에서 저희 가족들이 막 연행되어 가기도 했었고요. 왜냐면은 뭐, 그 리본을 나무에 달았다든가, 그거에 대해서 항의하는 유가족들을 연행해 가고, 그다음에 우리가 그늘막을 설치하려고 하는데 차에서 내리는 동시에 그늘막을 막 뺏어가고 이러면서 또 가족들이랑 부딪쳐서 또 연행되어 가고, 이런 과정이 있었어요.

근데 이제 그때도 저녁마다 저희가 밤 7시에 매일 촛불집회를 했었거든요, 거기에서. 촛불집회를 했었고, 정말 많은 시민들이 또 밤마다 오셔서, 정치인들도 와가지고 사진 찍고 가고 막 이러긴 했지만, 일반 시민들이 정말 많이 오셔가지고 그거에 대해서 같이 공감해 주시고 같이 노숙해 주신 분들도 계시고. 그다음에 정말 고마운 건 뭐냐면요. 저는 우리 세월호 유가족들처럼, 가족들이 하는 농성은 귀족 농성이라고 생각해요, '우리 같이 귀족 농성 하는 사람은 없다'. 우리가 농성을 한다, 딱 하잖아요? 30분 안에 모든 것이 세팅이 되어요. 여기 저기서 버너에서부터 뭐 라면, 커피, 뭐 이불 막 싹 가지고 와요. 어느 시민들은 뭐 아침 갖고 온다, 어디는 점심 갖고 온다, 너무나 고마운 거예요, 그게. 근데 거기서도 그랬어요. 계속 여기서 간식 들어오고, 저기서 간식 들어오고, 이런, 이런 과정들이 있었죠.

근데 이제 그런 것들도 다 연대의 힘에서 저는 나온다고 보거든요, 일반 시민들도 많이 그렇게 도와주시지만. 뭐, 이불을 어느 단체에서 협조해서 갖고 오고, 이런 거는 다 이제 그쪽 연대활동에서 나오는 거잖아요, 물론 4·16연대도 있었지만. 그래서 이제 그런 농성을 이제 저희가 시작을 했죠. 근데 해답은 찾지 못하고 저희가 7박 8일 만에 그만뒀어요. 근데 전혀 바뀌지 않은 상태에서 강제 종료를 시작하려고 하니 특조위 그 조사관들이나 그 위원장에서부터 이제 단식에 들어갔어요. 특조위에서 먼저 광화문에서 단식에 들어갔고, 어, 그때 집행위원장이신 예은이 아버님하고 진상규명부서장인 준형이 아빠하고 둘이 무기한 단식에 돌입하셨죠. 그거는 이제 또, 막 합의가 되어서 '우리가 하자' 해서 한 게 아니라 두 분이 갑자기 단식을 시작을 하셨고, 그러고 나서 이틀인가 있다가 가족협의회 공식적으로 기자회견을 선포를 했죠, 단식을. 그리고 단식할 가족을 모집을 했고, 엄마 세 명이 추가가 됐어요. 그래서 그때부터 재욱이 엄마하고 저하고 준영이 엄마하고 셋이 이틀 뒤에 따라서 단식을 했고요.

그리고 그다음 날 더불어민주당 당사에서도 가족들이 기습[해] 들어가서 그때 이제 가족들이, 그때 정확히 몇 명인지 기억이 안 나는데 한 여섯 명? 다서여섯 명 정도 됐을 거예요. 그분들이 거기서도 단식을 시작하게 됐죠. 그러면서 진상[규명]부서장님은 더불어민주당 당사로 옮기셔서 단식을 시작을 하셨어요. 그래서 이제 특조위 조사관들이나 거기 있는 사람들은 돌아가면서 하루에 한 번씩 단식을 했고, 저희들은 그때부터 무기한으로 단식에 들어가서 저, 제가 거의 한 14일 정도 이렇게 단식을 했던 게 있는데, 전혀 바뀐 건 없죠. 그냥 그대로. (면담자 : 그때 상황이 사실 가장 안 좋았을 때였어요) 네, 네. 그냥 그대로 종료가 돼버렸었던 거 같아요. 그래서 참, 다시 우리가 그래서, 그래서 2017년도에 다시 이런 사회적 참사 [특별]조사위원회가, 사회적 [참사] 특별조사위원회가 이렇게 발족이 됐을 때, 물론 세월호만 되어 있는 게 아니고 가습기 살균제랑 같이 있지만 그렇게 됐을 때 우리 가족들이 굉장히 감동을 많이 받고, 국회 그 본회의에 우리 가족들이 다 들어가서 그 광경, 그거 통과되는 그 과정을 다 지켜봤거든요. 그 전날부터 노숙에 들어가면서, 그 전전날부터 노숙에 들어갔죠, 노숙에 들어가서.

면담자   사실 단식 결정이 쉽지는 않잖아요, 어머님이 엄청 건강하신 것도 아니고. 어머님이 한두 분도 아닌데 꼭 내가 이것을 해야 되는 것도 아니잖아요, 어떤 면에서는. 그럼에도 불구하고 그러한 결정을 어떻게 하시게 됐고, 그리고 가족분들이나 이런 분들하고는 어떻게 상의하시고 그러셨어요?

시연 엄마   아니요. 저는, 이제 그때는 어땠냐면 정부청사 농성하고 나서 힘들었어요. 그 6월 25일에 저희가 시작해서 정부청사 농성을 했고, 중간에 아까 제가 말씀드렸던 그 대학생 도보나 강정 도보를 갔다 왔죠, 그 중간에. 그리고 나서 8월 말부터 이제 단식을 들어간 건데 (면담자 : 강정 도보는 몇 월이었나요?) 8월, 이제 7월 말부터 8월 초. 근데 이제, 그때 그리고 그 전에 대학생 도보는 이미 갔다 왔고요.

근데 거기서 아까도 내가 말씀드렸듯이 내 나름 상처를 많이 받았다고 했잖아요. 그런 과정에서 정부청사 노숙 농성하고, 목포 가서 도보하고 제주도 갔다 오고 나서 상처를 좀 많이 받아가지고 유가족들을 안 만났어요. [텔레그램] 방도 막 없애고 이래. 이러니까 상처를 많이 받고 거의 한 보름 정도를 활동을 안 한 거예요, 하루도 안 한 적이 없는 내가(웃음). 그랬는데 마음은 불편했죠.

근데 어느 날, 페이스북에 아버님 두 분이 무기한 단식에 들어갔다는 거예요. 그건 가족협의회랑 협의되고 한 것도 아니고 아버님들이 둘이 갑자기 그랬던 거거든요. 뒤통수를 한 대 맞는 느낌이었어요. '내가 미쳤구나. 내가 시연이 엄마인데, 내가 누구를 위해서 이렇게 2014년도부터 해왔던 것도 아니고, 누구한테 인정받으려고 했던 것도 아니고, 나는 시연이 엄마로 했던 건데 내가 왜 이런 것 때문에 지금 이러고 있는지' 그런 생각이 들어서 뒤통수를 한 대 맞는 느낌이었고…. 어, 그러고 나서 바로 그다음 날 광화문에서 그런 기자회견 한다는 [소식이] 그 우리 가족 [네이버]밴드나 뭐 이런 데 올라왔을 거 아니에요.

그걸 봤을 때 우리 딸한테 얘기했죠, "단식 이거 엄마도 하고 싶다". 그리고 준영이 엄마랑 워낙에 친하니까 준영이 엄마한테 얘기를 했을 때 준영이 엄마가 "해야지. 뭐라도 해야지"라고 얘기했고, 그래서 준영이 엄마하고 저하고는 얘기를 하고 하기로 했던 건데, 가니까 이제 재욱이 엄마도 한다고 하더라고요(웃음). 그렇게 해서 셋이 시작했던 거예요, 엄마들은, 시작. 저는 솔직히 그 움츠리고 있던 보름 동안에 내가 되게 부끄러웠고 아이한테 미안했어요. 그래서 당연히 이제 해야 된다고, 삭발했을 때랑 또 비슷했던 거 같아요. 삭발하기로 결심했을 때랑은 또 비슷했던 거 같아요. '뭐라도 된다 그러면 내가 이거 못 하겠냐'라는 생각에 했던 거 같아요.

면담자   가족분들이 안 놀라셨나요?

시연 엄마   안 놀랐어요, 워낙에 내가 그러고 다니니까(웃음).

면담자   그래도 15일 동안 쉬셨으면 좀 집에 계셨다가 갑자기 사라지신 꼴일 텐데….

시연 엄마   근데 우리 ○○이는 내가 집에 있으면은 항상 힘들어 하고 멍때리고 있고 막 이러니까 더 신경 써요. 차라리 엄마가 그냥 나갔으면(웃음).

5
박근혜 탄핵 촛불집회에서 느낀 시민들에 대한 고마움

면담자   네, 그러셨군요. 사실 지금 말씀해 주신 이 시기가 제가 기억하기에도 우리 가족들한테 가장 힘들었던 시기였던 거 같아요. 그러다가 이제 저희가 탄핵 정국을 맞이하게 되죠. 그래서 2016년 11월 1일에는 4·16가족협의회와 4·16연대가 최순실 게이트와 관련하여 세월호 참사 헌정파탄 규탄 시국선언 기자회견을 갖고 이제 시국선언 준비도 하고, 그리고 온 국민들이 다 분노를 하게 되고, 그 분노의 핵심에 세월호 참사가 사실은 있었다고 봐요. 또 저희가 촛불집회를 가면 항상 유가족들이 제일 앞에 계시고 하셨는데, 그 탄핵 정국을 마주하면서 어떠한 생각을 가지셨는지요?

시연 엄마　　　어, 글쎄요…. 그것 때문에 막, 최순실 때문에 더 분노하고 그랬던 건 없었던 거 같아요. 근데 이제 이 세상이 많이 변하긴 했죠. 그때 제가 이제 초등학교에 누구의 부탁으로 교육을 하러 갔는데, 아이들한테 설문조사를 했어요. "갑자기 무인도에 갇혀 있게 된다고 하면 꼭 가져가야 될 거를 적어라"라고 했더니 사람, 애들이, 그때 2016년도잖아요. 제가 초등학교 4학년 교실에 들어가서 얘기를 했는데, 아이들이 적은 것 중에 두 가지가 제일 많았어요. 한 가지는 구명조끼, 한 가지는 최순실이었어요. 그게 뭐냐면 최순실만 데리고 가면 뭐든지 다 해결된다. (면담자 : (웃음)) 그게 11월에 대한민국 초등학생들, 4학년들이 얘기하는 거였어요. 굉장히 심각하죠. 웃기기도 하지만 굉장히 심각한 거예요. (면담자 : 그렇죠) 아이들한테 "왜 최순실이라고 적었냐?"고 하니 "최순실만 데리고 가면 뭐든지 다 된다" 아이들 입으로 직접 다 그렇게 얘기를 하더라고요. 그래서 이건, 이게 정말 더 심각한 얘긴 거잖아요.

　　그런데다, 그런데다가 너무나 뻔뻔하게 막 최순실이 얘기를 했고, 당당하게 얘기를 했고, 박근혜는 아직도 '나 몰라' 하고 있고, 막 그런 사태이고, 박근혜 지지자들은 뭐 또 거기서 더 날뛰고 있고, 이런 상황에서 솔직히 박근혜 탄핵 사유에 세월호는 없어요. 사람들은 우리가 박근혜를 탄핵시키고, 우리가 촛불 들어서 문재인 정권을 만들었다고 하는데, 탄핵 이유에는 정작 세월호는 없다는 거. 세월호 참사의 구조, 구조 방기나 부실 수사나 이런 거에 대한 죄는 박근혜한테는 하나도 적용이 되지 않았거든요. 하지만 저희가 외친 건 그거였는데, 대통령의 7시간을 외치면서 우리가 원한 건 그거였는데…. 그래서 우리는 솔직히 박근혜 7시간을 외치면서 촛불을 들었죠, 그때. 제일 많이 외쳤던 게 박근혜 7시간이에요, 그 중요한 7시간. 우리 아이들에게는 너무나 중요했던 7시간이죠.

그래서 그동안의 기록을, 우리는 아직도 특별수사단에도 그거를, 우리는 "그 기록물을 봐야 된다. 대통령 기록물을 봐야 된다"고 요청을 하고 있는데 지금, 그때는 그냥 분노해서 저런, 우리끼리 얘기지만, "저런 병신 같은 게 어떻게 대통령이라고 앉아가지고, 저런 게 저렇게 대통령이라고 앉아 있으니까 우리 애들이 저렇게, 저렇게 됐지. 저렇게 아무 생각도 없고…", 수첩, 우리는 수첩공주라고 불렀거든요, 무조건 수첩에, 수첩 보고 그대로 읽고 그렇게 한다고. 그래서 그런 분노가 좀 있었어요. 사회적으로는 아이들끼리, 아이들까지도 그렇게 얘기를 했고. 그 다, 그렇지만 정작 세월호로 인해서 탄핵되지는 않았는데 사람들의 인식 속에는 세월호 가족들이 탄핵시킨 것처럼 그렇게 얘기를 해버리고, 세월호 가족들이 촛불을 들어 탄핵을 시켜서 문재인이 대통령이 된 것처럼 얘기를 하고 비난하는 사람들이 많이 생겨나는 그런 현실이 저는 더 속상하고 화가 나요. 지금도 그렇게 얘기를 하고, 하고 있거든요, "니들이 문재인 정권, 니들이 만들었잖아. 니들이 촛불 들어서, 니네가 만들었잖아"라고.

면담자   그 당시 탄핵 정국에서 엄청난 수의 국민들이 뛰쳐나와가지고 집회에 참여하는 모습에 대해서는 감동을 받거나 그러진 않으셨나요?

시연 엄마　　　어, 감동을 받았죠. 왜냐면 그게, 그 전에 무슨 광견병 [광우병] 뭐 그런 것도, 미국 그것 때문에 그 전에도, "그 전에는 더 많은 사람들이 나왔다" 막 이런 얘기가 있는데, 그때는 저는 그런 걸 하는지도 몰랐거든요. (면담자 : 광우병 때) 응, 광우병 때. 그런 거는 그때는 하는지도 몰랐는데, 정말 많은 사람들이 나오고 있는 거예요. 근데 더, 그 와중에 생각나는 건 뭐냐면 우리 가족들이 다른 단체보다 늦게 도착을 했어도, 우리를 맨 앞에 설 수 있게 모든 분들이 양쪽으로 싹 다 비켜줬었어요, 우리 세월호 유가족들이 맨 앞에 설 수 있도록. 저는 그게 지금도 제일, 박근혜하고 최순실보다 그게 제일 생각나고 감사한 일이라고 생각해요.

　우리가 항상 그분들보다 제일 먼저 도착하지 않았거든요. 근데 우리가 늦게 도착했음에도, 도보할 때는 세월호 유가족을 항상 맨 앞에 세워주시고, 먼저, 우리가 광화문에서부터 도보를 해서 청와대 앞에까지 간다고 한다면 미리 청와대 가서 있었던 분들도 계신데, 광화문에서 갈 때는 맨 앞에 서서 갔지만 청와대 앞에 가서는 그분, 먼저 오신 분들이 계셨을 거 아니에요. 그분들 또한 우리가 먼저 가, 우리가 뒤에서 가면 양쪽으로 자리를 비켜주셨어요, 마지막 종착지에 우리 가족들이 맨 앞에 설 수 있게. 그거는 세월호 참사로 인해서 모인 사람들이 아님에도 불구하고 많은 국민들이 그렇게 공감을 해주셨다는 거거든요. 그거에 있어서 저는 그때 정말 많은 감동을 받았고, 지금도 그거는 되게 감사해요. 하지만 세월호 참사로 인해서 하나도, 그런 사유에 있어서는 박근혜 탄핵 사유가 아니었다는 거에 대해서는 되게 분개하죠, 지금도. 그래서 그거를 밝히기 위해서라도 특별수사단에서 제대로 된 대통령 기록물 수사라든가 국정원 수사라든가 이런 게 꼭 필요하다고 저는 생각되는데 제대로 되지 않고 있어서 그게 좀 화가 날 뿐이에요.

6
세월호 인양 이후 은화와 다윤이를 찾게 되어 안도하는 마음

면담자   이제 2017년 이야기를 하겠습니다. 2017년 3월 22일에 세월호 인양이 시작되는데, 그 당시에 또 가족들뿐 아니라 국민들이 모두 놀랐던 게 너무 금방 인양이 (시연 엄마 : 그러니까요) 됐죠. (시연 엄마 : '이렇게 쉬운 거야?' 하면서 분노했죠) 그래서 세월호 인양 모니터링을 위해서 가족들이 방문하시기도 하고, 인양이 되고 나서 4월에 목포 신항에 거치가 되면서 세월호를 보러 가시거나 아니면 그 이후에 유류품 같은 거 세척 과정이 있거나 이러한 일들이 쭉 있었어요. 혹시 그 과정에 목포에 가셨나요?

시연 엄마   3월 31일에 세월호가 이제 목포에 도착을 했고요. 저는 3월 30[일] 날 팽목으로 내려가서 은화 엄마하고 다윤이 엄마를 만났어요. 만났고, 그러고 나서 그다음 날 목포에 내려, 목포로 갔죠. 가서 세월호가 들어오는 장면을 봤죠. 그래서 솔직히 그게 수면 위로 올라왔을 그 당시에, 또 가족들이 배를 빌려서 해역에 나가서 직접 봤는데, 제가 그때 참여하지 못했어요. 그래서 그때 아까도 말씀드렸듯이 제가 지금 일을 하고 있었어서 잠깐, 못 했어서 그게 너무나 속상해서 일을 그만두고, 3개월 만에 일을 그만두고, 그러고 정리를 해주고 이제 그러고 이제 30일 날 팽목항으로, 은화 엄마하고 다윤이 엄마가 저는 제일 생각났거든요.

다른 미수습자분들보다는 두 명이 너무 생각났어요, 둘이 너무나 힘들게 싸워온 걸 내가 옆에서 지켜봤기 때문에. 다른 미수습자 가족들이 정말 협조도 안 해주고, 함께 그러니까 둘이 제일 많이 정말 고생, 마음고생, 몸 고생 많이 한 걸 옆에서 봐서 세월호가 인양이 되는 그 의미가 저는 '은화하고 다윤이를 만날 수 있겠다. 찾을 수 있겠다' 그 엄마들이 제일 많이 생각났고, 빨리 그 엄마들한테 가고 싶었어요, 그래서 팽목항으로 저는 31일 먼저 이렇게 갔고. 근데 이렇게 말하면은 정말 나쁘다고 생각할 수도 있겠지만 학생 네 명 중에 두 명을 찾았잖아요, 우리가. 나는 그게 은화이고 다윤이여서 너무나 고마워요, 그 엄마들이 너무나 고생을 많이 해서. 목포에 모든 미수습자 가족, 가족, 가족들이 이렇게 다 있었지만 하루도 쉬지 않고 싸운 두 미수습자 가족이라고 저는 생각하고 있거든요.

그래서 세월호가 들어왔을 때에도, 31일에 들어왔을 때도 굉장히 속상했어요. 왜냐면은 미리 들어가려고 하는 우리 유가족들한테도 굉장히 우리를 적대시하고 함부로 이렇게 그쪽에 경찰에서도 했었거든요, 어차피 문을 열어줄 거면서. 걔네는 안전에 대한 거를 생각을 했겠죠. 유가족들이 또 이렇게, 갑자기 뭐 이렇게 돌발 상황을[이] 일어날까 봐. 거기가 또 해역이기도 하니, 그런 게 좀 이해가 되기도 하지만 너무나 강력하게 거기 입구에서부터 그랬고, 그러고 나서 울분에 차 있는 상태에서, 그런 상태에서 들어가서, 들어오고 있는 세월호를 봤을 때 내가 생각했던 거보다 그렇게 크지 않은 거예요, 생각보다. 그리고 너무 깡통인 거예요. 그다음에 그 따개비 같은 것들? 그런 것들이 배에 너무 많이 붙어 있었는데, '그 안에 있을 우리 아이들 몸에 저게 다 붙어 있으면 어떡하지?'라는 생각이 또 들더라고요. 왜냐면 저는 확신하고 있었거든요. '은화하고 다윤이는 분명히 저기에 있을 것이다' 어, 확신하고 있었어요.

그래서 그런 모습이 너무 아팠고, 녹슬어져 있는 모습 보면서 저 철통, 철통, 깡통 같은 저런, 저곳에 우리 아이들을 태우고 정말, 저기서 정말 뛰어내리고만, 뛰어내리라고만 했어도 다 살았을 그럴 아이들이… 그래서 엄청 분노하고 했던 거 같아요. 그래서 이제 저희가 그날 이제 저희가 천막을 치고 거기에서 다 잠을 잤거든요, 3월에. 춥잖아요, 아직. 그래서 그때는 이제 뭐 컨테이너도 없고 그래서 세월호가 인양되기 전날부터 가족들이 목포에서 천막에서 노숙을 또 시작을 하고, 또 아까도 말씀하셨던, 말씀드렸듯이 또 어느에서, 어디에서건 또 다 이불이며, 뭐며, 뭐며 또 쫙 세팅이 되고(웃음).

저는 그런 과정이 감동이기도 하지만 너무 민망하고 미안해요, 그런 과정 자체가. 그러면서 '아, 진짜 우리같이 귀족 농성하는 사람들 없을 거다'라는 생각이, 여러 군데를 다니면서 느끼는, 느꼈던 거예요, 여러 군데 이제 연대를 다니면서. 정말 취약하고 힘들게 농성들하고 계신데, 우리는 주위에서 너무나 자연스럽게 세월호 유가족은 너무나 많이 도와줬었죠. 그렇기 때문에라도 저는 '우리가 할 수 있는 거는 끝까지 싸우고, 끝까지 책임자 처벌하고 하는, 그로 인해서 이렇게 그분들이, 그분들 자녀들을 위해서, 그 어린아이들을 위해서 안전한 나라를 만들어야 되는 게 우리의 사명이다'라고 더 한 번, 그런 과정을 겪을 때마다 이렇게 뇌, 뇌 속에 이렇게 딱, 딱 박게 되는 거 같아요. 그래서 그 세월호 인양 됐을 때는 분노가 굉장히 많았어요. 반가움도, '은화하고 다윤이가 오겠구나' 하는, 우리 미수습자들이 오겠구나' 하는 반가움도 있었고, 세월호의 그 모습을 보고는 또 분노도 있었고 그랬던 거 같아요.

그래서, 근데 이제 그 안에 따개비 말고도 뻘[펄]이 너무나 많아서 그 뻘 작업하는 데 시간이 오래 걸려서 미수습자 수습하는 데도 시간이 오래 걸렸잖아요. 그 인양하는 과정에서는 '날씨가 좋아야 된다. 좋아야 된다'고 기도하고 우리가 바랐지만 그 세월호가 올라오고 나서는 날씨가 좋은 게 그렇게 좋지 않았어요. 안에서 시신은 부패되어 가고 있을 테고, 뻘 때문에 작업은 할 수가 없고, 뻘 걷는 작업만 정말 너무 오랫동안 했거든요. 세월호가 3월 31일에 인양이 돼서 목포로 왔고, 우리 은화, 다윤이 이별식은 10월에 했잖아요. 물론 찾고 나서 좀 더 있다가 했지만. 바로 한 건 아니지만. 그것도 온전히 다 찾은 상태에서 한 이별식이 아니지만….

그래서, 그런 과정들이[을] 솔직히 우리는 잘 알지 못했어요. 세월호가 인양만 되면 바로 들어가서 아이들 찾을 수 있을 거라고 생각을 했거든요. 그랬는데, 너무나 그 앞에 시간들이 많이 걸리다 보니까 날씨가 좋은 게 원망스러웠을 정도로 싫더라고요. 그렇다고 비가 오면 또 뻘 작업을 못 하니, 그 뻘 안에 작은 뼛조각이라도 하나 있을까 봐 그 뻘도, 진짜 뻘 하나하나 다 이렇게 막 작업해서 거기에서 뭐 하나라도 나올까 봐서 작업하고 그랬었잖아요. 그래서 그런 과정들이 좀 서럽고 화가 나기도 했지만 '빨리 우리 아이들을 찾아야 된다'라는 그런 생각에 조금 뭐라 그럴까, 3월 31일에는 그런 반가움과 고마움과 분노와 이런 게 있었다고 하면, 기다리는 과정에서는 계속 초조했던 거 같아요. 내가 분명히 애들이 거기 안에 있을 거라는, 내가, 내 생각에 이렇게, 딱 내가 생각하고 있었지만, '만약에 없음, 없으면 어떡하지?'라는 불안감도 있잖아요. 그리고 또 '아홉 명이 다 저 안에 없으면 어떡하지?'라는 그런 불안감도 있었던 거죠. 그랬는데 어쨌든가 지금 다섯 명을 찾지 못했잖아요. 네 명만 찾은 상태이고 그래서….

면담자   목포 신항에 이제 세월호가 온 다음에 그때 미수습자분들과 또 유가족분들 사이에 약간의 갈등이 있었어요. 그니까 '그 배에 일단은 우리의 아직 구하지 못한 아이들을 먼저 구해야 된다'라는 미수습자 가족분들의 입장이 있었고, 증거로서 세월호를 보존하고 또 아직까지 돌려받지 못한 아이들의 물건이라든지 이런 걸 찾으려는 유가족들의 입장이 있었을 거잖아요. 그래서 그러한 갈등 상황 속에서 어머님 같은 경우는 참 어려운 입장에 계셨을 거 같아요. 유가족이지만 또 어떤 면에서는 은화와 다윤이 엄마랑 가깝게 지내신 상황이었잖아요. 혹시 그런 것 때문에 좀 불편한 점이나 이런 건 없으셨나요?

시연 엄마   제가 세월호 인양된다고 했을 때 제일 불안하게 생각한 거[가] 그거예요. '이분들은 지금 자식을 찾으려고 하시는 분들인데, 그 사람들 앞에서 내 애들 유품 찾았다고 거기서 유가족들이 울면 어떡하나', 그것처럼 이 사람들한테 힘든 건 없을 거라는 생각했어요. 이분들은 자식을 기다리고 있는 건데, 그거 유품, 여기 우리 유가족들은 유품을 기다리고 있잖아요. 나 또한도 '우리 딸 거 뭐 하나라도 찾았으면 좋겠다', 우리 시연이 캐리어[가방]는 아직도 못 찾았거든요. (면담자 : 아직도?) 네, 못 찾았어요. 그렇지만 기다리게 되는, 그렇게 걱정은 되지만 한쪽 면으로는 그걸 기다리게 되는 거잖아요, 나도 엄마니까. 근데 그, 제일 걱정, 처음부터 걱정된 게 그거였어요. '그러면 어떡하지? 그걸로 인해서 두 번 상처를 주면 어떡하나'라는 생각을 했고, 친한 가족 몇 명한테는 그런 얘기를 했었죠. '안 그랬으면 좋겠다. 우리 가족들이 티 안 냈으면 좋겠다. 그렇게 유품 찾았다고 그분들 앞에서 울고 뭐 하고 안 그랬으면 좋겠다' 그런 생각이 들었어요.

근데 우선적으로 짐을 다 치워야 시신을 더 빠르게 찾을 수 있으니까 그걸로 인해서 이제 막 부딪혔다고 하기보다는, 서로 말로 이렇게 상처받고 그런 걸로 해서 많이 싸웠었던 거 같아요. 제가 볼 때는, [그냥] 말로 싸움을 했었[을 뿐이]고 미수습자 안에서도…. 그때는 이제 전국[을] 돌아다니면서 싸우고, 청와대 앞에서 1년 넘게 아픈 몸으로 피케팅하고 한 건 은화 엄마하고 다윤이 엄마예요. 근데 지금 목포에 세월호가 인양되고 나서는 모든 미수습자 가족이 다 왔죠. 근데 미수습자 가족들은 목포 세월호 바로 앞에 컨테이너에서 숙박을 했었고, 우리 유가족들은 밖에, 펜스 쳐진 밖에서 천막을 치고 거기에 있었죠. 그러니까는 그거에 있어서 이제 유가족들은 '우리가 힘들게 싸우고, 투쟁하고, 세월호 인양을 외쳤다'고 생각하고, 나 또한도 그렇게 얘기하겠지만, 미수습자분들 생각에는 '너희들, 니가, 너네가 인양만 외치지 않았잖아'라는 생각이 있는 거예요. 서로의, 서로의 생각이, '우리가 이렇게 힘들게 싸워갖고 했는데, 니네가 어떻게 우리한테 이래?' 유가족들은 이렇게 얘기할 수 있는 거고, 미수습자들은 '니네가 인양

만을 위해서 싸웠다면 이게 이제 올라왔겠냐' 이런, 이런 대립인 거죠.

그래서, 어저께도 이런 말씀드렸잖아요, 제가. 그래서 내가, 저는 이제 이쪽도 이해가 되지만 이쪽도 이해가 되는 상황이어서 그때는 최대한 미수습자 가족들을 잘 안 만나려고 했어요. (면담자 : 혹시 안 만나려고 했기 때문에 또 다윤이 엄마나 은화 엄마가 섭섭해하긴) 아니요, 그게 왜냐면은 또 [미수습자 가족들은 펜스] 안에 있었고, 그분들이. 만나려면은 밥 먹으러 나왔을 때만 잠깐 만나거나 막 이렇게 해야 되는데, 유가족 그 안에, 그 펜스를 사이에 두고 또 막 싸움이 나고 이랬었어요. 그래서 그런 와중에 '내가 여기에도 도움이 안 되고, 여기에도 도움이 안 되겠다'는 생각에 이쪽에서도 그런 말을 해도 들은 척도 안 하고, 여기에 가서도 특별히 얘기하지 않았어요. 그게 낫겠다는 생각이 들었었어요, 저는. 그렇게 하고 나서 이제 생각보다 그런 시간들이 조금 많았죠. 이제 뻘 작업을, 뻘 작업 시간이 많았다 보니까 그 시신 수습하고 이러는 게 시간이 좀 오래 걸렸어요. 거의 여름에 은화, 다윤이가 다 나왔죠.

근데 그때쯤 돼서 이제 미수습자 가족들이, 시민들이 이제 목포에 다 찾아오다 보니까 미수습자 가족분들도, 활동하셨던 두 어머님들은 시민들을 또 만나야 되고 해서 밖에 미수습자 컨테이너도 이제 생겨났죠. 그러면서 저는 자연스럽게 거기에도 가고, 잘 때 거기 가서 자고 이제 이렇게 하면서 또 왔다 갔다, 이제 거기서는 그렇게 해, 했었고…, 다행히 은화가 먼저 나왔고. 그다음에 이제 제가 갔는데, 그 전날 이제 뉴스에서 "남자아이고 뭐 키가 몇이고" 어쩌고, 저쩌고 해서 이제 다 현철이라고 생각을 하고, 다윤이 엄마도 '현철이다'라는 생각

을 했었어요. 했는데, 그다음 날, 이제 제가 기사 나오고 그다음 날 목
포에 내려갔는데, 거기 경찰에서 전화가 왔어요. 다윤이 엄마랑 같이
있을 때 전화가 왔는데 그게 다윤이였던 거예요, 현철이가 아니라.

근데 남자애이고 뭐라고 하니까 다윤이 엄마가 더 자세히 읽지
않았던 거예요, '우리 딸 아니구나'라고. 근데 알고 보니 이제 다윤이
었어서 다윤이 엄마가 너무 힘들어했어요. '내가 내 딸을 몰라보다니,
얼마나 기다렸는데' 그래서 그, 그날따라 또 사람들이 많이 내려갔는
데, 다윤이가 또 와주고 그래서 다윤이 엄마가 이제, 우리는 이제 다
윤이 엄마가 얼마나 몸이 안 좋고 힘든 상태에서 움직였다는 걸 다 알
고 있기 때문에 정말 거기 있던 사람들[이] 다 막 통곡을 하고 울었던
거 같아요. 그나마, 그리고 또 은화 엄마 또한 은화만 찾았다고 해서
돌아가는 게 아니라 그 자리에 끝까지 계속 같이 있었고, 그랬잖아요.
은화 그냥 냉동고에 넣고 계속 기다리고 같이 기다려준 거잖아요.

그니까 은화 엄마도 은화를 찾았다고 기뻐할 수 없고, 그런 상황
에서 이제 다윤이가 나왔다고 하니 그분들의 심정을 다른 사람은 이
해 못 해도 우리 유가족들은 이해를 할 수 있잖아요. 나는 이해가, 이
해할 수 있겠더라고요, 나도 그걸 겪어왔기 때문에. 나도 우리 시연이
먼저 데리고 오면서 예지 생각밖에 안 났거든요. '우리 예지 어떡하
지, 예지 못 나오면 어떻게 하지?' 이런 생각밖에 안 났거든요. 그래서
정말 다윤이라고 했을 때 만감이 교차했어요, 그 상황에서. 은화 엄마
의 그동안의 힘듦이 보이고. 다윤이 엄마, 다윤이 엄마 나름대로의 힘
듦이 보이고, 또 다른 미수습자 가족들의 모습도 보이고…. 저는 양승
진 선생님 사모님하고도 좀 친하게 지냈거든요. 그래서 이제 그런 모

습들도 보이고 하니 아, '다행이다. 우리 다윤이하고 우리 은화 찾아서 다행이다. 다행이다' 생각도 들면서도 또 다른 미수습자 가족들 생각[을] 안 할 수도 없고, 안 할 수 없고, 현철이라고 믿고 좋아했던 현철이 아빠의 모습 또한 너무나 내가 더 미안하고 이렇게 볼 수 없었거든요, 현철이 아빠를. 어떻게, 어떻게 보나, 내가 막, 내가 죄지은 것 같고, 막 그런 생각들이 그때 들었어요, 목포에 있을 때.

그래서 목포에 있을 때 생각해 보면 뭐 우리 시연이 이름표 하나 나오고, 그것도 다 떨어진 거 이름표 하나 나오고, 우리 시연이가 맨날 베고 잤던 바나나 인형이랑 시연이가 마지막에 쓰고 있던 비니 모자 이렇게 따로 세 개가 나왔거든요, 가방은 안 나오고. 그래서 이제 저도 그런 과정이 있었지만, 모르겠어요. 제가 이제 미수습자 아이들을 먼저 다 그 은화, 다윤이를 찾고 나서 그 유품을 받아서인지 어쩐지는 모르지만 다른 사람, 다른 엄마들은 그걸 붙잡고 울고불고했던 게 저는 눈물 나지 않았어요. 그냥 집에 와서 며칠 동안 담가놓고 빨아서 우리 딸 방에다가 이렇게 가져다 놨어요. (면담자 : 지금도 시연이 방에 그대로 있나요?) 네, 네. 있어요. 자꾸 없애라고 하는데, 저는 "나 죽으면 없애라"고 (웃으며) 그러고 안 없애고 있어요.

면담자　　　은화랑 다윤이 영결식을 9월 23일 날에 하고 이어 10월 13일에 이영숙 씨, 11월 11일에 추모식 이런 식으로 쭉 연결되어서 했는데, 그때도 유가족분들의 참석을 거절하거나 하는 일들이 있지 않았어요?

시연 엄마　　　거절하지 않았어요. (면담자 : 아, 거절하지 않았어요?) 그런 유언비어가…, 거절하지 않았어요. 그래서 저도 갔고, 유경근 집행위원장님도 가셨다고 은화 엄마한테 얘기를 들었고, 저도 준영이 엄마랑 갔었고, 몇 명 유가족들은 갔던 걸로 알아요, 많이는 안 갔어도. 이별식 하는, 그 안치될 때에, 되는 날, 장례 치르는 날은, 그날은 처음부터 끝까지 저는 계속 같이 있었고. 저하고, 성호 엄마하고, 주현이 엄마하고 셋이 처음부터 끝까지 계속 같이 다녔던.

7

○○이의 단원고 졸업식과 생명안전공원 관련 논의

면담자　　　네, 알겠습니다. 2018년 4월에 영결식이 있었고, 정부 합동분향소가 철거가 되고 (시연 엄마 : 4월에 철거되고, 2월에 아이들 졸업식을 했지요, 명예졸업식), 2019년 2월에는 명예졸업식을 했어요. 그때 저도 졸업식에 가기는 했는데, 안 오신 분들도 좀 있었고 그랬지만, 생각보다는 또 많은 분들이 참여를 하셨고, 여러 복잡한 마음이 사실 드는 그러한 졸업식이었잖아요. 그날 어머님도 가셨었나요?

시연 엄마　　　네. 저희 식구가 제일 많이 갔을걸요(웃음).

시연 엄마　　　그때 어떠한 생각이셨는지? 사실은 이루어진 게 없는 상황이기는 하지만 '그래도 우리가 졸업을 하고 마무리를 짓자'라는 결정을 가협에서 하셨던 시기잖아요.

시연 엄마　　　처음에는 '저게 무슨 의미가 있나. 애도 없는데'라는 그런 생각이 있었어요. 근데 하지만은 우리가 그 학교 측과 약속한 면도 있었잖아요, 명예졸업식에 있어서. 세월호 인양하고 뭐 하고 이런 과정 속에서 약속도 있었고, 또 뭐 부질없는 짓이라고 생각은 들지만. 그리고, 근데 뭐 아이들, 아이를 위해서는 "졸업식을 한다고 하니 가자. 가서 졸업식을 해주자. 시연이 졸업하면 올 사람들 다 같이 가자" 저희 가족들은 그렇게 얘기를 했어요. 그래서 어저께 얘기드렸던 우리 시연이 친구들, 중학교 친구들, 그 아이들이 거의 다 왔구요. 그 아이들이 다 왔고, 엄마, 아빠, 우리 ○○이, 그다음에 우리는 가족들이 좀 남들은 유별나다고 하는데 중학교, 고등학교 입학식, 졸업식에 우리 친정 식구들이 거의 다 와요(웃음). 그래서 "입학식에 오는 가족들은 니네 가족밖에 없다"고 맨날 이러는데, 우리는 그만큼 이제 우리 시연이가 첫아이고, 첫 조카고 막 이러다 보니까 중학교 졸업식, 고등학교, 아니, 중학교 입학식, 고등학교 입학식 때도 가족들이 많이 갔어요, 일본에 있는 고모도 오고 이럴 정도로(웃음).

시연이 중학교 입학할 때는 진짜 고모도 일본에서 오고, 큰이모, 작은이모, 막 해갖고 다 이렇게 와서 참석을 했는데, 그날도 그렇게 했어요. 일부러 좀 시끌벅적하게 우리 시연이 그래도 마음에는 안 들어도 "졸업식이니까, 축하해 주자". (면담자 : 이번에도 일본에 계신 고모도 오셨나요?) 고모? 고모. 일본에 있는 고모[가] 명예졸업식 할 때 고모가 왔나? 왔을 거예요. 웬만하면 다 와요, 고모는. 고모는 와요. 그날 내가 너무 바빠요, 바빴어요. 시연이 친구들 챙길랴, ○○이 챙길랴, 또 인터뷰할랴, 뭐 사람들이 또 오죽 많다 보니까는. 또 그 애들도 점심 챙겨 먹일랴 이러다 보니까 진짜 우리 식구들은 챙기지도 못했어요, 우리 ○○이만 챙겼지. 우리 언니, 동생, 이런 사람들이 어떻게 왔다 가는지도 몰라요, 그냥 온지만 알 뿐이지(웃음).

면담자 많은 사람을 챙기시느라 마음껏 우시거나 이러기는 좀 힘든 상황이셨겠네요.

시연 엄마 그니까 앉아서 진행을 했잖아요, 졸업식 자체는. 그때 는 자리가 한 가정당 하나밖에 없어요, 자리가. 그래서 저 혼자 있어 서 실컷 울 수 있었어요, 옆에 누가 없었기 때문에 우리 ○○이 눈치 안 봐도 되고. 그리고 앞에서 두 번째인가 세 번째 자리였거든요, 제 자리가. 그러니까 뒤에하고 먼 거예요. 그니까는 우리 가족들은 다 뒤 에 서 있었어서 '내가 원 없이 울어도 아무도 내가 안 보이겠구나'라는 생각에…. 서럽죠. 서럽잖아요, 아이가 없는 졸업식을 한다는 게. 그 리고 축복받지 못하는 졸업식이고, 축하한다고 꽃다발을 준비해야 되 나 어떻게 해야 되나 조차를 망설이게 하는 그런 졸업식이었기 때문 에. 그리고 아무런, 아이에게 성과도 없고, 우리가 몇 년 동안 싸웠지 만, 그런, 그런 현실에서 해야 되는 졸업식이라서 참 많이 서글펐죠, 미안하고. 그래서 혼자 있는 그 시간에, 나 혼자 앞에 앉을 수 있기 때 문에 그 시간에 졸업앨범을 끌어안고 그리고 많이 울었던 거 같아요. 의자 위에 졸업앨범이 다 이렇게 올라가 있었거든요, 그래서.

면담자 그즈음에 제종길 안산 시장이 세월호 추모 공원을 안산 화랑유원지에 조성키로 발표를 하고, 물론 그 당시에 자유한국당 소 속 의원들이 반대를 하고 그 이후에도 납골당이니 어쩌니 하는 막말 도 난무했지만, 이제 안산 화랑유원지에 조성하기로 결정이 되었는데 요. 그러한 결정에 대해서는 어떻게 생각을 하시는지요?

시연 엄마 '과연 될까?'라는 의구심이 있었어요, '안산 시민들이 과연 화랑유원지에 할 수 있게 할까?' 왜냐면은 처음에는 저는 화랑유원지는 꿈도 꾸지 못했어요. 그냥 안산시에서 처음 제시한 데가 꽃빛공원하고, 그다음에 여기 안산 신안산대학교 뒤에 그 부지, 그다음에 그 명휘원 있는 데, 사동에 그 부지, 그다음이 대부도, 이렇게 해서 이제 약간 가족들한테 투표도 했었는데, 그 안에 화랑유원지는 없었거든요. 그래서 화랑유원지는 생각지도 않았는데, 이제 어느 날 가족들이 화랑유원지를 얘기를 하기 시작했던 거죠. 그랬을 때 반발도 되게 거셌죠. 그래서 저는 그렇게 또, '굳이 왜 저렇게 욕을 먹으면서 화랑유원지에서 하려고 하나' 나는 화랑유원지가 아니라고 해도, 솔직히 저는 투표할 때 이 신안산대학교 뒤에 거기를 투표했었거든요. 우리 집 바로 옆이에요(웃음). (면담자 : 집에서 가까운?) 그 앞에 아파트.

아니, 근데 그것도 그렇지만 대부도나 사동에 있는 그 명휘원 옆에가 자리도 더 넓고 좋지만 뻘이 있던 자리예요, 거기는. 나는 안산 토박이기 때문에 알아요. 명휘원이 있던 데는 거기는 사동, 사리라고 뻘이 있던 데인데 그걸 메꾸고 아파트 짓고 막 이랬거든요. 그래서 그 뻘 있는 곳에 아이들[을] 데려다 놓고 싶지 않았어요. 그다음에 꽃빛공원은 그 사람들 다 공동묘지잖아요, 거기는. 그리고 무연고, 무연고, 그 사망자들 무덤도 거기 되게 많거든요. 그 안 주차장, 한 주차장 한 구석에 건물을 지어서 애들 데려다 놓고 싶은 생각도 전혀 없어요. 그거는 완전 저 결사반대였어요. 그래서 저는 이제 신안산대학교 뒤에 거기를 이렇게 얘기를 했던 거예요. 화랑유원지는 생각지도 못했어요. 얘기도 안 나왔어요, 처음에는 솔직히.

이제 화랑유원지를 얘기를 했을 때 '그게 되겠어? 시민들이 과연 그거를 감당할 수 있겠냐? 있을까?'라는 생각이 들었는데, 하면 너무 좋죠, 화랑유원지가 되면, 그때 그, 그때 그 심정에…. 왜냐면 우리 시연이 인라인스케이트 배울 때도 화랑유원지에서 배웠고, 우리 ○○이 인라인스케이트, 자전거 배울 때 우리는 다 화랑유원지[에서] 배웠거든요. 어렸을 때부터 아빠랑 거기 가서 RC카, 우리 시연이는 그런 거 되게 좋아해요, RC카. 그 리모컨으로 조절해서 차 이렇게 운전하고 하는 거를 4살 때부터 했어요, 아빠랑. 그리고 뭐 오토바이, 아빠가 산악 오토바이 국가대표 선수였거든요. 그래서 이제 그 시연이도 6살, 7살 때부터 그 산에서 타는 사발이[4륜 오토바이] 있잖아요? 그거를 타고 다니고, 초등학교 2학년 때는 산악 오토바이 아이들용 두 발짜리를 시연이가 타고, 그것도 다 화랑유원지에서 아빠한테 배워갖고 타갖고 이랬거든요.

그때는 이제 여기 신도시 호수 공원이 없었을 때니까, 우리 애들 어렸을 때는. 거의 화랑유원지에서 모든 걸 많이 누렸죠, 도시락 싸갖고 와서 소풍도 하고. 그러니까는 그런 공간에, 아이들이 낯설지 않은 공간이잖아요. 특히나 단원고에서 가깝기 때문에 안 가본 아이들이 거의 없을 정도로, 아이들이, 희생자 아이들이 거의 화랑유원지에 한 번쯤은 꼭 다 갔을 거라고 저는 생각해요. 그래서 낯설지 않은 곳에 우리 아이들을 데려오는 게 얼마나 좋겠어요, 데리고 오면. 근데 '과연 될까?'라는 게 이제 의구심이 있었어요. 근데 이렇게 시간이 지나다 보니까 될 거 같은 거예요(웃음).

솔직히 말해서 생명안전공원에 대해서 뭐 이렇게 "어, 거기에 뭐가 들어갔으면 좋겠고, 뭐가 들어갔으면 좋겠고" 얘기를 했을 때 '그거를 왜 우리가 고민해? 국가에서 해주기로 했으니까 국가에서 알아서 하라고 해야지. 이거 갖고 왜 우리가 싸워야 돼?' 나는 그거부터 화가 났어요. '우리는 지금 진상 규명하기도 바쁜데, 생명안전공원은 국가에서 해주기로 했잖아. 그리고 안산에서 시장이 화랑유원지로 한다고 했잖아. 그럼 그냥 국가에서 알아서 해야지. 빨리, 빨리 진행을 해야지. 왜 이거까지 유가족들한테 넘기냐'는 거예요. '왜 그거까지 유가족들이 직접 하게 만드냐'는 거죠. 내가 거기에서 화가 났어요.

면담자　　그럼 지금 이렇게 진행이 더디게 된 어떤 핵심적인 이유들은 어떤 것이 있나요?

시연 엄마　　음, 제가 생각했을 때는 그래요. 돈이잖아요, 돈. 안산시 땅이잖아요. 하지만 정부 사업이잖아요. 약간 그런 것들에 대한 벽이 있어, 있지 않았을까…. 뭐 합의하고, 뭐 하고, 또 안산 시민들을 설득하기 위한 방안을 마련을 해야 되는 것도 있었던 거죠. 뭐 '안산 시민의 편의시설이라든가, 안산 시민들이 편의시설로 이렇게 뭐가 들어가면 좋을까? 생명안전공원, 납골당만 딱 들어오는 게 아닌데, 그렇게만 생각하는 시민들을 또 어떻게 설득을 할까?' 하는 과정에서 마을마다 공청회도 열어서 다 가서 이야기를 듣고, 그다음에 그 안에, '그 안을 어떻게 채울 것인가?'에 대한 얘기. 그럼 그 채움, 채움을, '채워지는 그 공간이 또 안산시 땅인데 또 안산시의 예산이라든가, 그거에 대해서 국가는 또 얼만큼 지원을 해줄 수 있는가?' 이런, 그런 과정에서 시간이 저는 점점 점점 더, '이거는 니네가 책임져야 된다. 이거는 니네가 책임져야 된다' 뭐 이런 과정 속에서 시간이 나는 오래되어, 오래 걸렸다고 생각이 들어요.

면담자　　　　네. 아이들이 있는 자리가 땅 밑으로 들어간다고 제가 들었어요. (시연 엄마 : 네, 네) 거기에 대해서는 어떻게 괜찮으신가요?

시연 엄마　　　　햇빛이 잘 들어오면 괜찮을 거 같아요. 안 그러면 너무 속상할 거 같아요. 그럼 저는 반대할 거 같아요. 그냥 지하라고 한다고 하면 저는 반대할 거 같아요. 안 데리고 올 거 같아요, 그냥. (면담자 : 서호에?) 아니, 아니요. 지금 일산에 있는데, 어둡고 컴컴한 곳에 그렇게 우리 애들이 죄인도 아닌데 그렇게 두고 싶진 않아요. 근데 이제 시설 자체를 아이들이 이렇게 지하에, 지하라고 표현하고, 지하에 놓는다고 했는데, 거기를 뭐 천장을 또 어떻게 햇빛이 잘 들어오게, 뭐 통유리로 해가지고, 뭘 어떻게 뭐 한다든가 해가지고 뭐 어떤 식으로라든지 햇빛이 잘 들어오는 곳으로 설계가 된다고 하면 저는 그거는 그거, 그거, '그 정도는 괜찮지 않을까'라는 생각[이] 들어요.

8
사회적 참사 특별조사위원회에 대한 아쉬움과 여러 지원기관 관련 경험

면담자　　　　알겠습니다. 사참위 활동에 대해서는 어떻게 생각을 하시나요? 가습기 살균제랑 이제 같이 묶어서 하게 되었잖아요. 그렇게 하지 않았으면은 사실 특조위를 다시 할 수 없었던 그러한 상황이기도 했는데, 지금까지 진행하면서 혹시 가지고 계신 아쉬움이라든지 이런 게 있으신가요?

시연 엄마　　　　아쉬움이 있죠. 왜냐면 우리[는] 애가 타니까, 그 사람들은 애가 타는 건 아니잖아요. 더 적극적으로 해줬으면 좋겠고 (면담자 : 어떤 부분이 제일 아쉬우신가요? 사실 과제가 한두 가지는 아니잖아요) 그렇죠. 과제가 많아요. 그 많고, 거기에 따른 조사관은 또 턱없이 부족하고, 그렇기 때문에 더딜 수밖에 없는 상황이긴 한데, 가족 입장에선 답답한 거죠. 그리고 제대로 조사에 응했을 때 피의자들이 또 그렇게 해주지 않고 있고, 그리고 또 기간은 정해져 있으니까 우리는 애가 타는 거죠. 그렇다고 해서 유가족들이 가서 '이거를 이렇게 해라. 저렇게 해라' 할 수 있는 입장도 아닌 거고. 그래서 그런 거에 대한 불편함은 있어요.

근데 이제 이게 우리 진상 규명하는 데 있어서 가습기 살균, 가습기랑 같이하고 있어서 불편하거나 이건 아니에요. 왜냐면 딱 나뉘어져 있거든요, 1과, 2과, 3과, 4과가. 그래서 저희 세월호 참사 진상 규명은 특조위 2과에서 세월호 참사 진상 규명하는 거, 2소위가. 3소위는 안전, 가습기 살균제하고 세월호 참사로 인해서 안전국장이 있는 거고, 4소위는 피해자지원과라서 다 총괄을 하고 있는 거고…. 2소위는 오로지 세월호 참사 진상 규명을 위한 그런 국이기 때문에 그 안에서 이제 그 조사를 하고 있는데, 우리가 볼 때는 눈에 크게 보이는 게 없고 그렇기 때문에 좀 답답하고 하지만 또 저는 이제 특조위를 이제 다른 가족들보다는 그래도 우리 임원들은 좀 자주 가는 편이잖아요. 그렇다 보니까 그 사람들이 놀면서 안 하는 거 아닌, 아닌 걸 알거든요. 정말 열심히 하고 집에도 못 들어가고 밤늦게까지 사무실에서 일하고 있고 서류 보고 있고 하는데, 솔직히 우리가 애타고, 애타고 있는 우리 입장에서는 답답하지, 답답하죠, 하고 있는 게.

169
•
2회차

면담자   아쉽긴 하지만, 가까이서 하고 있는 모습을 보고 있으면 또 참 뭐라고 하기도 힘든 이러한 상황이신 거네요.

시연 엄마   그러니까요, 네, 네. 왜냐면 놀면서 안 하는 거 아니니까. 열심히 하고 있는데 이 사람, 이 사람들이 자꾸 숨기는 데 급급하고, 제대로 된 답을 주지 않고, 어떠한 팩트를 딱 잡았는데 물증이 없는 뭐 그런 사건이라든가 그런 게 좀 많기 때문에, 그렇지만 더 막 세게 밀고 나가고, 좀 이렇게 특조위가 그랬으면 좋겠는데, 그런 거에 있어서는 조금 많이 부족한 거 같아요. 더 세게 나가고 약간 자신감 있게 가족들한테도 이렇게 해달라고 요구하고 특조위가 이랬으면 좋겠는데, 그런 거에 있어서는 많이 안타까워요.

면담자   그러면 올해 가협에서 생각하는 마지노선이라 그럴까요? '이것은 꼭 했으면 좋겠다'라고 하는 지점은 무엇을 잡고 계신가요, 지금 가협에서는?

시연 엄마   어, 가협에서 이거는 딱히 꼭 해라라고 하는 건 없어요. 그렇지만 지금 이제 터치를 하는 게, DVR, DVR이[가] 바뀌었다라고 하는 거, 그다음에 살아 있는 아이를, (면담자 : 경빈이) 네, 네, 경빈이, 그 "살아 있는 아이를 제대로 조치하지 않고 살인을 했다", 그걸 이제 특조위에서 발표를 했고, 했는데, 그것도 특별수사단에서 별 혐의 없는 것처럼 이렇게 얘기를 하고 있기 때문에, 지금 이제 뭐 특조위에서 솔직히 말하면은 무슨 더, '앞으로 이제 몇 개월 안 남은 상황에서 새로운 거를 무슨 발견을 해가지고 뭘 할 순 없겠지만 여태까지 찾아냈던 거를 물질적으로 확실하게 이게 맞다라고 하는 그런 거 정도는 마무리를 지어줘야 되지 않나'는 생각이 들어요.

지금 다, "어, 그런 거 같습니다"잖아요, 왜냐면 피의자들은 "우리 몰랐다. 우리는 아니다" 지금 조사에서 이러고 있으니까. 그렇게 된다고 하면은 "특조위에서 애네, 애네 제대로 이거 하지도 않고 그냥 이슈 만들려고 발표해 버렸네"라는 말들을 듣게 되는 거거든요. 그렇게 하지 않기 위해서는 이슈를 터뜨렸던, 이슈가 아니고 이제 실[제], 진짜라고 우리는 생각하고 있지만, 다른 사람들이 그렇게 생각하고 있는[생각하지 않는] 것을 진실이라는 거라도 밝혀봐야 되지 않냐, 특조위가. 그리고 '어쩔 수 없이 기간에 딱 종료를 하게 된다면, 연장을 하지 않고, 이게 또 새로운 특별조사위원회가 만들어져야 한다는 그런 계기를 만들어놓고 그만둬야 된다'고 저는 생각해요. 그렇게 '조사가 더 필요하고, 그래, 이런, 이런, 이런 이유로 더 조사가 필요하고, 이거에 대해서는 더 해야 된다라는 거를 만들어놓고 그만둬야 된다'고 생각해요.

면담자　　　그동안 우리 주변에 지원기관으로 온마음센터, '이웃' 그리고 또 박성현 씨가 했던 뭐죠? (시연 엄마: '우리함께') '우리함께' 등등의 여러 기관들이 있었어요. 그러한 단체와 관련해서 어떤 경험이 있으시거나 아니면 의견 같은 것이 있으신가요?

시연 엄마　　　음, '우리함께'는 지금 없어졌구요. 재작년에 없어졌어요, 없어졌고. '이웃'은 2015년도 이후로 가본 적이 없고요.

면담자　　　이웃도 지금은 아마 다른 분이 하고 계시는 걸로.

시연 엄마　　　김영하 씨가 계속하고 있을걸요. 이영하 씨인가 김영하 씨인가 그분이 계속하고 계신 걸로 알고, 그 사람, 그분이 사무처장인가 국장인가 아무튼 해서 하시는 걸로 알고 있고[이영하 '이웃' 전 사무국장, 현 대표]. 온마음센터는 회의하러 한 두 번 가본 적이 있고요. (면담자 : 어떤 회의였나요?) 그때 제가 옛날, 언제지? 그때 2015년도인가? 그때 이제 회의하러 한번 갔다, 운영, 그 온마음센터 부센터장이 새로 와가지고 이제 인사하면서 그런 자리에, 이제 회의하는 자리에 갔었죠.

면담자   온마음센터도 대외협력에 같이하고 (시연 엄마 : 아니, 아니요. 없어요) 그렇지는 않아요?

시연 엄마   그냥 인사하는 자리예요. 바뀌었다고 인사하면서 잠깐 그 뭐 어떻게 할 것인지 이런 설명, 상황 설명하는 거예요. 갔었고, 그 다음에 꽃누름이 작업할 때 온마음센터에서 했었거든요. 그래서 이제 그 공간에 가서 꽃누름이, 시연이 액자 작업하고, 예지 작업, 예지 액자 작업을 제가 했어요, 예지 엄마가 시간이 안 돼서. 그래서 그거 할 때 갔었고, 그게 다예요.

면담자   특별히 여기에 대한 어떤 에피소드나 경험 같은 거는 많지는 않으신 거네요.

시연 엄마   이제 들어갈 때 입구에, 그게 지금은 이제 있는지 모르겠는데, 입구에 몇 학년 몇 반 누구 엄마 누구라고 써야 되는 거예요. 그게 굉장히 불편하더라고요, 나는. 그래서 더 안 가졌던[갔던] 거 같아요.

면담자   '엄마랑함께하장'이라든지 이런 데는 참여하지 않으시고요?

시연 엄마   한 번도 안 했어요.

면담자   아, 그러셨구나. 네, 알겠습니다.

9
활동에 참여했던 이유: "엄마니까 이렇게 싸우는 거지"

면담자   이제부터는 참사 이후 어머님의 삶의 변화, 생각의 변화 등에 대해 말씀을 나누도록 하겠습니다. 지난 6년 가까이를 이제 돌아볼 때 이처럼 지속적으로 활동에 참여할 수 있었던 이유는 뭐라고 생각하십니까?

시연 엄마   다른 이유 없다고 생각해요. 내가 시연이 엄마이기 때문이라고 생각해요. 우리끼리 그러거든요. "내가 세월호 마누라면 이렇게 안 싸워. 내가 세월호 엄마니까 이렇게 싸우는 거지" (웃으며) 엄마들끼리는 그냥 그렇게 얘기하는데, 그게 정답인 거 같아요, 내가 엄마니까. 다른 이유가 뭐가 있겠습니까.

면담자   지나간 시간의 활동 중에서 혹시 후회하거나 좀 아쉽다고 생각하신 점이 있으신가요?

시연 엄마   음, 뭐라고 그러지? 나는 '더 가족들이 더 강력하게 했어야 된다'고 생각해요. '단식도 그냥 그렇게 종료할 게 아니라 한 명씩, 한 명씩 그냥 쓰러져 나올 때까지 계속했어야 된다'고 생각해요(웃음). 저는 약간 그런 편이에요.

면담자　　　　그렇게 생각하시는 어머님들이 좀 있으세요. (시연 엄마 : 네, 그런 면에 있어서) 청운동 투쟁 같은 데도….

시연 엄마　　　청운동 투쟁도, 아까도 제가 말했잖아요. "되돌아서 갈 거면 우리가 여기서 왜 밤새고 왜 여기 있어? 가려면 끝까지 가야지" 저는 그런 것들이 지금도 되게 아쉬워요. 끝까지 막 한 게 안 하고[아 니고], 중간에 후퇴하고, 막 이런 것들.

면담자　　　　지난 시기 동안 어머님한테 그래도 가장 위안이 됐던 거는 뭐라고 생각하십니까?

시연 엄마　　　제가 가장 위안을 된[삼은] 거는 우리 ○○이에요, 저 는. 저는 우리 ○○이에요, 물론 시민들을 만나면서도 힘을 얻지만. 제가 유가족들하고 뭐 다 마음에 들어서 유가족들이랑 계속 같이 있 는 건 아니잖아요. 6년 동안 같이 있으면서 '저 유가족은 진짜 저거, 쟤네 왜 저래? 성격이 왜 저래?' 이러면서 막 이런 생각이 들 거 아니 에요. 그럼에도 불구하고 유가족들은 나는 죽을 때까지 함께해야 되 는 사람이고, 저 사람들은 나와 끝까지 진상 규명[을] 같이할 사람들이 라는 그런 믿음, 그리고, 그래서 '함께해야 된다'는 생각이 있어요. 그 래서 '미우나 고우나 유가족들하고는 같이해야 된다'는 생각을 가지 고 있는데, 내가 혼자면 내 맘대로 막.이렇게 하고 하는데, 저는 혼자 [가] 아니잖아요. ○○이가 있잖아요. 근데 그 ○○이가 저한테 주는 힘은 정말 나는 무시할 수 없다고 봐요. ○○이가 "왜 나, 언니만 자 식이야? 나도 자식인데 나는 왜 안 봐요?"라고 했으면 저는 이렇게 제 가 계속 활동하지 못했을 것 같아요, "엄마, 이제 나 좀 봐"라고 했으면. 근데 우리 ○○이는 내가 미안하다고 할 때마다 "괜찮아. 그래도 엄마는 의미 있는 일하는 거잖아"라고 저한테 얘기해 줘요.

면담자   성숙하고 이해심이 많은 딸이네요. (시연 엄마 : 그렇다고 [다 그런 건…] (웃음)) 그러면 반대로 지난 활동 동안 가장 힘든 점은 뭐라고 생각하세요?

시연 엄마   많은 사람들이[을] 만나야 되는 거죠, 뭐 유가족들도 마찬가지고. 유가족들도 우리 한 번도 만난 적이 없던 사람들이잖아요. 근데 서로 이해해야 되고, 그래야 되는 과정들, 이해해 가는 과정들, 다시 만나야 되는 과정들…. 솔직히 말하면 저는 남들이 그래요, "성질이 더러워서 그렇다"고. "못돼서 그래, 네가" 이렇게 얘기하는데 저는 싫은 사람, 한번 싫은 사람은 죽어도 싫어요. 그 사람하고 말 안 해요.

면담자   제가 생각하기에 어머님 스스로도 이러한 참사를 겪고 힘든 게 너무 많고 위안을 받아야 되는 사람인데, 대협 분과에서 활동하신다는 이유로 다른 분들을 다 이해하고 설득하고 이래야 되는 입장에 계신다는 게 너무 힘들었을 것 같아요.

시연 엄마   사실 그때 그거를 다 참고했었던 거잖아요, 초기에. 근데 그 뒤에 내가 상처를 받고 그만둔 거잖아요. 근데 이제 내가 무슨 얘기를 하려고 그랬지?

면담자   지금까지 활동을 해오면서 가장 힘들었던 거요.

시연 엄마   어, 이제, 그니까, 어, 그게 이제 내가 아까 말, 말했듯이 정말 싫은 사람하고는 일도 못 하고, 그 사람하고 말도 안 하고, 그 사람 그냥 안 봐요. 근데 세월호 유가족은 예외더라구요. 그게 안 돼요. 내가 정말 힘들고 뭐하고 해서 이제 활동을 딱 보름 안 한 거예요, 내가. 직장, 그 3개월 직장 다니면서도 저녁에 일정 있는 거는 다 했고요. 주말에마다 한 번도 안 빼놓고 토요일마다 박근혜 퇴진 촛불[집회] 들러 서울에 맨날 올라왔어요. 딱 보름 동안은 한 번도 안 움직인 거예요, 단식하기 직전에. 그때 그 도보 갔다 와서 힘든 것, 텔레그램에서 나가고, 막 그런 거 때문에 약간 좀 힘듦이 있어서 그랬는데….
〈비공개〉

　그랬는데 가족들이랑 이렇게 막 적극적으로 얘기도 하지 않고, 그 가족, 그 가족하고는 더 얘기를 하지 않았어요. 근데 어느 날, 어느 날, 대기실에 있는데 "그 엄마가 거의 한 달을 나오지도 않고 집에서 울기만 하고 있다" 트라우마가 너무 심했던 거죠. 그때 우리가 활동이 별로 그렇게 많지 않았던 시기니까 가족들이 힘, 그 막, 막 움직였던 가족들은 또 힘든 상황이 있었어요. 그래서 굉장히 걱정이 되더라고요. 그 부모님은 아이가 없었거든요, 그 아이 하나밖에 없었고. 그니까 집에 혼자 있을, 있는 걸 생각하니까 또 솔직히 말씀드리면은 막 마음에 안 들고 뭐 하고 하는 가족들도 우리가 몇 년 동안 같이함으로써 그 사람들 성향을 다 알잖아요. 이럴 때 이 사람은 어떻고, 저 사람은 어떻고. 특히나 저는 그런 걸 좀 많이 이렇게, 그런 일을 했기도 해서도 그렇지만, 그래서 걱정이 되더라고요. 그래서 거의 1년 넘게 말 안 하다가 제가 먼저 전화를 했어요. 이게 지금 사회생활이었으면 나는 걔 안 봤죠. 죽거나 말거나 뭘 하거나 말거나 상관 안 했겠죠. 근데 우리는 아이들로 뭉쳐진 가족이잖아요. 가족 아닌 가족이잖아요. 그 니까 걱정이 되더라구요. 먼저 전화했어요.

면담자   가족 같은 경우에는 '아파서 이럴 수가 있는 거구나' 하 고 좀 더 이해를 하는 그런 마음이 이제 드시는 거죠?

시연 엄마   네, 네. 그런 생각도 있고, 그러면서 이제, 저도 이제 한 쪽 면만 듣고 "이 사람이 그랬다더라" 하니까는 판단하고 상처를 입었 던 거잖아요. 그래서 1년 넘게 나중에 이제 그런 얘기들을 터놓고 얘 기를 하고, 잘못된 부분은, 잘못된 부분은 또 거기서도 인정하고 사과 를 하고, 그러면서 또 같이 또다시 하나가 돼서 또 같이 다니면서 열 심히 싸우고 (웃으며) 그러는 과정들이 있었던 거 같아요. 그니까 마 음에 안 들어서 반 내에서도 막 이런 일이 있지만, 내가 그냥 나 때려 치우고 안 한다고 하면 되지만 반에서도 제가 1년 동안 총무를 했어 요. 근데 이제 그것도 반 대표랑 막 부딪혀 가지고, 제가 "안 하겠다. 그렇지만 나는 이 상태로 그만두고 싶지는 않다. 왜냐? 나는 아버님 이랑 죽을 때까지 같이 봐야 되는 사람이고, 그래서 내가 그만두는 거 다, 아버지를 계속 보기 위해서. 내가 이걸 계속하게 되면 보기 싫을 거 같다" 그랬더니 잡지 못하더라구요. 처음에는 잡았거든요, 계속 같 이, 계속 총무로 해달라고. 근데 제가 그렇게 얘기했어요. "나는 끝까 지 아버님을 보기 위해서 그만둬야 된다. 내가 계속하게 되면 안 된 다" 이제 그렇[게], 근데 그게 유가족인 거 같아요.

면담자   근데 지금 3반을 말씀하셔서 제가 또 하나 여쭤보고 싶 은 게 생겼는데, 3반에는 열심히 활동하시는 분들이 좀 많으시잖아요?

시연 엄마   지금은 거[의], 지금은 많이 없죠.

면담자   지금은 많이 없나요? (웃으며) 지금은 대부분 이제 다, 좀 약간 소강상태 비슷하게 됐나요? (시연 엄마 : 네, 네) 3반은 어떻게, 좀 잘 뭉치는 그런 분위기였었나요?

시연 엄마   어, 그럼요. 저희가 2014년도 국회 농성하고 할 때는 저희 반이 정말 많이 움직였죠. 아버님들도 그렇고 정말 많이 움직였죠. 근데 아버님들이 그때 국회에서 농성[을] 같이하셨던 아버님들은 직장생활 하시는 아버님들이 또 많이 생겨났고, 어머님들도 건강상의 이유도 있고 그렇다 보니 또 활동을 이렇게 좀 못 하셨던 분들이 있고…. 지금 대체적으로 이렇게 나서서 활동하시는 분들은 뭐 한 하나, 둘, 셋, 넷, 다, 여섯, 뭐 일곱? 일곱 명? 이 정도 되는 거 같아요. 일고여덟 명?

면담자   네, 알겠습니다. 4·16의 경험이 어머님이 세상을 보는 관점이나 삶에 대한 태도를 좀 변화시켰다고 생각하시나요? (시연 엄마 : 많이 변화시켰죠) 어떤 면에서 변화가 많이 됐다고 생각하시나요?

시연 엄마   사람을 바라보는 시선도 바뀌어지고요, 세상을 바라보는 시선도 바뀌어졌죠. 그 전에 나는 '내 아이만 괜찮으면 되고, 우리 가족만 괜찮으면 되고, 나한테 피해만 안 주면 되고' 뭐, 이런 성향으로 살아왔던 사람이죠, 전혀 세상 밖의 일은 관심도 없고. 근데 4·16을 겪고 나서는 세상의 모든 부조리함을 우리가 다 당하면서 직접 그거에 대해서 피해받은, 국가 폭력에 피해받은 그 피해자들을 만나면서 그거를 또 해소하기 위해서 전혀 상관없는 시민들이 나서주는 거를 또 보고 겪고, 그리고 또 그거를, 그 일을 만드는 사람들을 만나고, 그 사람들을 조력해서 도와주는 그런 사람들을 만나면서 내가 몇 번 얘기했듯이 '깨달음을 얻고, 나에 대한 원망도 하면서 (웃으며) 세상을 배워갔다'고 생각을 해요, 저는. '이 세월호 참사가 나를, 나, 나를 이렇게 자꾸 나를 공부하게도 만들었다'고 생각해요. '이 세상을 알게 해 줬다'고 생각해요.

면담자   좀 전에 사람에 대한 생각도 바뀌셨다고 하셨는데, 사람에 대한 생각은 어떻게 바뀌신 건가요?

시연 엄마   어, 그니까 사람을 대하는 나의 태도가 변했다고 생각, 그 말이 더 맞을 것 같아요, 사람을 대하는 나의 태도. 그니까는 그 전에는 제가 굉장히 긍정적이에요, 약간 긍정적이고, 먼저 다가가 말도 잘하고, 이렇게. 그래서 학원에서도 학부모님이랑 대화도 막 잘하고 시연이 친구랑도 잘 어울리고 막 이랬었는데, 그게 많이 바뀌었어요. (면담자 : 좀 조심스러워지시게 된 건가요?) 조심스러워지는 것도 있고, 내가 상처받지 않기 위해서 말을 좀 줄이는 부분도 있고…, 낯을 가리지 않는 성격인데 낯을 가리기 시작하고, 그리고 사람을 만나면 의심부터 하기 시작하고, 그런 것들이 좀 많이 생겨났죠, 세월호 참사 나고 나서. 그래서 이제 그 사람들이 무슨 말을 해도 오롯이, 오로지 그게 이렇게 진실로 받아들여지지가 않는 거예요. 그러니까, 그러니까 어떻게 보면은 사람이 삐딱해진 거죠, 쉽게 얘기해 보면. 내 자신이 삐딱해졌어요. 생각하는 거 자체가, 그런 면에서.

면담자   제가 지금 생각이 나는데, 시연이가 휴대폰으로 찍은 건가요? 배 안에서 찍은 영상 중에 시연이가 다른 친구들하고 전부 다 다 같이 구해달라고 기도하는 영상이 있었어요. 제가 그게 가장 기억이 나는데, 혹시 어머님도 같은 기독교 종교를 가지고 계시나요? (시연 엄마 : 네, 네) 종교에 대한, 종교에 대한 태도 같은 게 혹시 바뀌시거나 이런 건 없나요?

시연 엄마   솔직히 처음에는 팽목항 내려와서 기도 많이 했거든요. 우리 언니하고 형부도 저희는 기독교가 많아요, 집안이. 그래서 다 기도하고 했는데, 나중에는 이게 원망이 되는 거예요. '세상에 하나님은 없어. 세상에 하나님은 없다. 세상에 하나님이 있다면 어떻게 이런 일을 만드실 수 있을까? 어떻게 이거를 그냥 그렇게, 이렇게 되게 그냥 놔두실 수 있을까?'라는 생각에 '이 세상에 하나님은 없다'라는 생각을 했어요. 저는 정말 열심히 교회생활 했던 사람이거든요. 그런 생각을 [이] 딱 들었는데, 우리 시연이 영상이, 핸드폰을, 시연이가 우리 핸드폰, 우리 시연이가 핸드폰을 쥐고 나왔어요, 손, 손에다가 쥐고. 쥐고 6일 만에 나오는데 핸드폰을 쥐고 나왔어요, 얼마나 간절하게 이 핸드폰을… 전화를 하려고…. 그래서 이제 그 핸드폰을 포렌식을 했을 때 나온 영상에 이제 그 장면을 보고 든 생각이 뭐냐면, '그래도 우리 시연이는 하나님 곁에 있겠구나'라는 생각이 들었어요.

그 세월호 참사 났을 때는 막 원망을 했죠, '하나님은 이 세상에 없어. 어떻게 이런 일이 있을 수 있어'. 근데 시연이 기도를 보고 그런 생각을 했고, 많은 교회에서 이제 그걸 보고 세월호 활동을 시작했다고들 해요. 나중에 이제 만나신 분들이 "내가 그 영상 때문에 세월호를 알게 돼서, 내가 세월호 활동을 하게 해준 사람은 우리 시연이다"

라고 얘기하는 사람도 있어요, 저한테. 그래서, 그래도, 그래서 이제 교회를 포렌식하기 전에는 교회를 안 나갔어요, 세월호 참사 나고 나서. 근데 이제 우리 시연이 장례 치르고 할 때 우리 교회에서 다 나와서 담임목사님도 오시고, 교인들도 많이 오시고 해서 다 도와주셨거든요, 예배드리고 그런 거 할 때도. 그래도 안 갔어요.

근데 이게 그 포렌식이 며칠 있다가 그게 5월 7일인가 8일에 그게 나왔거든요. 그러고 나서 처음으로 나온 게, 영상 공개된 게 5월 8일 [KBS 김시곤 보도국장 항의 건으로] 우리[가] 청와대 [청운동사무소 앞]에서 [농성]할 때 이제 그때 영상이 처음 공개가 된 건데, 그때 그 영상을 보고 생각한 거, 한 게 그거예요, '우리 시연이는 하나님 옆에 있겠구나'. 그리고 또 한 가지 더 그렇게 생각하게 된 건, 우리 시연이가 매주 수요일마다 단원고등학교에서 점심시간에 기독교 아이들이 모여가지고 예배 모임을 했어요, 매주 수요일마다. 이제 거기에 보면은 우리 시연이 1주일에 한 번씩 아이들이 기도 제목을 써가지고 기도를 하는데, 우리 시연이가 맨 마지막에 예배드렸을 때 썼던 기도 제목이 "지금처럼만 행복하게 해주세요"라고 썼어요. 그 말을, 그 말이 너무 아프기도 했지만 저한텐 작은 위로도 됐어요. '다행이다. 그래도 우리 시연이 행복했었구나'라는 생각이, 그리고 '우리 시연이는 정말 하나님 옆에 있겠구나'라는 그런 걸 내가 믿게 됐죠, 우리 시연이 영상과 편지, 그 기도 제목 때문에.

그래서 솔직히 교회 가면은 뭐 목사님이 말씀하시는 거 들어오지도 않아요, 머릿속에. 딴생각 때문에 들어오지도 않는데 제가 갔던 이유는 마지막 시간, 예배 다 끝나고 하는 기도 시간에 하나님께 우리 시연이를 부탁하기 위한 기도를 하기 위해서였어요. '하나님이 그렇게 우리 시연이 데리고 가셨으니까 하나님 곁에서 내가 갈 때까지 잘 데리고 있어달라'고 그런 기도를 하러 갔어요, 저는 교회에. 지금은 안 가요. (면담자 : 지금은 왜 안 가세요?) 너무 바빠서 안 가기 시작하니까 안 가지더라구요(웃음). 교회에서 연락은 계속 와. 서명받을 때만 가요, 서명받을 때 교인이 많다 보니까(웃음).

면담자   네, 알겠습니다. 현재 좀 걱정되거나 고민이 되시는 게 있나요?

시연 엄마   지금 뭐 여기서 말씀드릴 건 아니라서, 그거는 제일 걱정되는 게 있긴 한데 여기서는 말씀 못 드리고, 여기 실을 내용이 아니에요, 가족협의회 안에서의 얘기라. 이제 그렇고, 이제 걱정되는 거는 '올 한 해 우리가 어떻게 잘 이겨내고 헤쳐나갈 수 있을까'라는 거예요. 우리 가족들이 판단했을 때, 제가 또 판단했을 때 올 한 해도 우리 가족협의회에 있어서 굉장히 중요한 한 해라고 저는 생각하고, 세월호 참사 진상 규명에 있어서도 굉장히 중요한 한 해라고 생각해요. 그래서 올 한 해를 지금 코로나 때문에 아직 시작도 못 하고 있잖아요. 준비하고 있던 것도 하나도 못 하고 있기 때문에, '올 한 해 우리 가족들이 어떻게 이거를 헤쳐나가고, 또 어떤 계획을 세워서 이걸 진행해야 될 것인가. 가족들이, 가족들과 더 많이 얘기를 하고 그거를 또 행동으로 이어나가서 우리가 원하는, 원하는 만큼 또 성과도 있어야 되고 하는데' 그런 과정들에 대한 고민이 제일 많고 걱정이 앞서요. 그래서 어제도 말씀드렸듯이 특별조사단을, 작년에 저희가 외쳐서 특별조사단이, 수사단이 만들어졌고, 또 우리 가족들이 또 싸워서 또 사회적 참사 특별조사위원회를 만들었지만 아무 성과도 못 내고 종료하면 안 되잖아요. 근데 또 그것도 12월에 종료가 되고, 특수단도 여름에 종료가 되고, 또다시 이런 기구를 만들어줄 리도 만무하지만, 내 생각에, 다시 만들어진다고 해도 기간 자체가 굉장히 오래 걸릴 거라고 생각해요.

'그렇다고 한다면, 지금 벌써 6년이고, 10년, 20년 그냥 가지 않을까?' 저는 그런 두려움도 있어요. 그렇다고, 그래서, 그렇기 때문에 '올 한 해 우리 가족들이 2014년도, 15년도에 싸웠던 그 마음으로 다 같이 달려들어서 진상 규명을 위해서 싸워야 된다'고 생각해요. '다시 삭발을 하든 도보를 하든 단식을 하든 할 수 있는 모든 걸 동원해서 해야 된다'고 저는 생각하고 있어요. 그것들을 가족들한테 어떻게 상기시켜 주고 행동으로 이끌어갈 것인가는 또 우리 임원들의 몫이겠죠.

면담자 예전에 비하면 참여하시는 분들이 많이 줄었죠?

시연 엄마 그렇죠. 건강상의 이유가 굉장히 저는 크다고 봐요.

면담자 그리고 직장에 복귀하신 분들도 좀 계시고.

시연 엄마 네, 아버님들 같은 경우는 복귀하신 분들도 계시고.

면담자 그런 상황에서 다시 힘을 결집하는 것이 임원으로서는 큰 과제로 남아 있을 것 같아요.

시연 엄마 네. 그래서 이제, 근데 또 '우리는 할 수 있다'라고 생각도 드는 게 뭐냐면, 저희가 거의 3주 전부터 반별 간담회를 시작했어요. 그래서 저희 가족협의회 회원이 135명인데, 135[개] 가정인데 지금 100[개] 가정 넘게 참여를 했어요. 어저께로 마무리됐어요, 그게. 생존자 반까지 해서 11반을 가족 간담회를 했고, 제가 거기에 다 참석을 했거든요.

면담자   가족 간담회는 뭔가요? 반별로 가족분들이 다 모이시는 건가요?

시연 엄마   반별, 반별 간담회를 하면서 거기에 이제 재단, 집행부, 그다음에 가족들 반별로 만나면 더 편하잖아요. 더 편히 말이 나올 수 있잖아요. 그래서 이제 그런 시간들을 좀 만들었고, 회원조직부서장님이랑 재단이랑 같이 해서 만들었고. 식사도 하고, 간담회를 한 3시간 정도씩 했어요, 한 반당. 그렇게 해서 가족들 의견도 듣고, "우리 가족협의회에서 이렇게 하려고 한다"는 얘기도 드리고, 그다음에 뭐 세월호에 대한 이야기도 하고, 가족들의 의견을 듣는 시간도 하고, 또 국민, 회원조직부에서 하는 사업 얘기도 하고, 뭐 대협에서 하는 광화문 지킴이 활동, 우리 가족들이 해야 되는 이유나 뭐 어떻게 참여해 달라는 부탁도 드리고, 우리 가족협의회 진상 규명 방향이나 6주기 얘기도 하고, 어, 그다음에 "생명안전공원 부지가 지금 어떻, 어디까지 진행됐고, 어떻게 나아가고 있다"라는 그런 설명을 가족들한테, 가족회의가 아닌 각 반 모임에서 더 편하게 가족들이 의견을 낼 수 있는 자리를 마련했던 거죠.

그래서 굉장히 좋았던 시간이라고 저는 생각해요. 그래서 가족들이 더 많은 이야기도 주셨고, 저희가 그걸 지금 다 녹음하거나 글로 써서 다 기록을 해놨기 때문에 '그걸로 이제 좀 어떻게 계획을 좀 세워봐야 되지 않을까?'라는 그런 생각이 들고요. 요, 이런 시간을 회원

조직부서장님이 이제 '하반기에도 한 번 더 준비해서 하면 좋고, 1년에 두 번 정도는 가족들하고 이렇게 대화하는 시간을 가졌으면 좋겠다'라는 생각이고, 저도 11번 다 참석하며, 11[개] 반에 다 참석을 하면서 느낀 게 '가족회의에는, 가족회의 할 때는 가족들이, 말 안 했던 (웃으며) 가족분들이 반별로 있으니깐 더 편하고 하니까는 많은, 더 많은 의견들을 많이 주셨다는 거에 있어서, 그런 시간들이 더 우리한테는 필요하지 않나'라는 생각. 그리고 반별 모임이 지금 거의 없어졌잖아요, 우리 분향소 지킴이 활동이 끝나면서. 그러면서 그런 거를 또 요청하시는 반도 생겨나고 해가지고 어떠한 방법을 생각해야 될 거라고 생각해요. 그래서 많은 숙제도 남겨졌, 남겨졌지만 가족들의 의지를 다시 한번 느낄 수 있는 시간이었고, 또 '역시 우리는 엄마, 아빠야'라고 생각되는, 힘이 되는 그런 시간이기도 했어요.

10
시연이를 떠올리며

면담자 4·16재단과의 관계는 어떻게 전망하십니까?

시연 엄마 저는 4·16재단에 있어서 '가족들이 거기에 그렇게 관여해야 된다'고 생각하지 않아요. '4·16재단은 재단대로, 가족협의회는 가족협의회대로 가야 된다'고 생각해요. 가족들이 재단에 있어서 '이거 해라. 저거 해라' 관여하는 거는 뭐 모든 가족들이 생각이 다르겠지만 제 생각에는 저는 그렇게 생각해요. 가족협의회랑 협력해서 같이하는 사업 같은 경우는 같이 이렇게 할 수 있지만, 재단에서 하는 어떤 사업을 가족들이 참여해 가지고, 거기에 이렇게 뭐 참여하는 것은 괜찮지만 거기에 참견을 한다는 건 또 다른 문제잖아요. 그런 거는 저는 '가족들은 그런 데서는 빠져야 되지 않나'라는 생각이 들어요, 재단은 재단 자체로 나가고.

면담자　　　가족들 중에서는 '어쨌든 4·16재단이 가지고 있는 기금이라든지 이런 건 결국은 유가족들을 보고 많은 사람들이 기부를 한 거 아니겠냐', 그런데 재단이 4·16 가족들뿐 아니라 여러 다른 활동들을 많이 하고, 오히려 가협은 어떤 면에서 재정적으로나 여러 면에서 좀 빈곤하거나 활동하기 어려운 상황에 처해 있고, 이런 것들에 대해서 문제 제기를 하시는 분들도 있는 거 같은데요. 거기에 대해서는 어떻게 생각하시나요?

시연 엄마　　　재단도 돈을 이렇게 쌓아놓고 쓰는 게 아니라 어떠한 사업을 제시를 해서 그 기획안을 행, 뭐 행정부나 무슨, 무슨 모금회에나 이런 데에다 얘기를 해서 그 기획안을 넣어서 그게 통과가 돼서 하나하나에 다 기금을 따는 거예요, 거기에 적합도를 따져서. 그렇기 때문에 가족, 재단이 이렇게 돈[이] 쌓여가지고 있으면 가족협의회에서 "아, 우리 이거 하게 이거 해줘요" 하면 다 해주겠죠. 근데 그런 행정절차가 복잡해요, 재단도, 아는 사람도 있고 모르는 사람도 있겠지만. 그리고, 그러고 나서 가족협의회만 또 도와줄 수 없어요. 네 군데예요, 이 세월호 단체가. (면담자 : 네) 네 군데죠, 네 군데죠. 그러면 우리 가족협의회만 그렇게 물적 지원을 해줄 수 있느냐? 안 돼요. 여기서도 원하고, 저기서도 원하고 저기서도 원해요. 그래서 '4·16재단에서 물적 지원을 할 수가 없다'라고 단정을 지은 거고, 그 물적, 대놓고 이제 물적[이라고] 하진 않지만 그 대신에 가족협의회에서는 사업을 하잖아요. 그니까 우리가 돈 되는 사업을 하는 게 아니라 시민들과 함께할 수 있는, 시민과 함께하는 간담회라든가 뭐 아까 제가 말했듯이 재난 참사 유가족들과의 연대, 이런 거는 재단에서도 할 수 있는 사업이잖아요, 가족협의회도 할 수 있는 사업이지만. 나는 그건 재단에서 특히나 해야 되는 사업이라고 봐요, 재난 참사에 관한 사업은. 그런 연대 사업이라든가 그다음에 그 피해자 역량 강화, 이런 프로그램[을] 조성해서 강사들 불러서 한다든가 그런 건 재단 사업이죠. 그런 걸로 해서 피해자들한테 도움을 주는 거예요. 빙 둘러서 주는 거죠. 그다음에 가족협의회에서 뭘 할 때 그거에 대한 약간, 돈으로는 지원은 절대 안 되고, 그러니까는 뭐 물품 지원이라든가 이런 쪽으로 해서 지원을 할 수밖에 없는 거예요, 거기서는. 돈을 쌓아놓고 이렇게 하는 게 아니라, 그래서 그러하게, 그런 오해를 또 하시는 가족분들도 계신데, 재단의 사정은 뭐, 재단이 돈이 나라에서 몇십 억씩, 이렇게 1년에 몇십 억씩 딱딱 주는 게 아니라 재단도 하나하나 그것 다 검수받고, 뭐 하고, 절차 밟아가지고 하나하나 사업비를 따내는 거기 때문에 저는 그런 면에서 이해해요. 그래서 (웃으며) 불만이 없어요.

면담자   네, 알겠습니다. 앞으로 진상 규명의 목표가 달성이 된다면, 그다음에는 어떻게 무엇을 하며 살고 싶으신가요?

시연 엄마   그다음에요? (면담자 : 네, 어떤) 생각을 하지, 솔직히 말하면 생각해 보지 않았어요. 그렇지만 '내가 받은 만큼 되돌려 주는 삶을 살아야지'라는 생각은 있어요. 그래서 어제도 말씀드렸듯이 내가 수학지도사 자격증도 땄다고 했잖아요. '우리가 받은 만큼 돌려줘야지'라는 생각을 가지고 있긴 하지만 '생명안전공원이 제대로 지어지고 아이들을 데리고 오면 그거 관리 또한 우리가 죽기 전까지는 우리가 해야 되지 않을까?'라는 생각이 또 들어요.

면담자　　시골집으로 이사 가고 싶다든지 뭐 이런 생각은 안 하세요?

시연 엄마　　저는 안산이 고향이에요(웃음).

면담자　　마지막 질문인데요. 지금 시연이를 떠올리면 무슨 생각이 드시는지요? 그러니까 시연이는 어머니에게 어떠한 의미의 존재인지 마지막으로 말씀해 주시면 좋겠습니다.

시연 엄마　　시연이는 저를 엄마로 만들어준 나의 첫아이죠, 그리고 정말 친구 같은 딸이었고. 제가 일찍 결혼해 가지고 친구들을 거의 안 만났거든요. 그리고 제가 좀 엄마에 대한 환상 같은 게 있어요. 내가 그런 사랑을 받아보지 못해서, 그래서 '나는 내 아이를, 내가 딸을 낳으면 내 아이한테 이렇게 해줘야지. 나는 이렇게 해줘야지'라는 것은 나는 우리 시연이한테 다 해줬어요. 그렇게 생각해요. 그래서 내가 받지 못했던 사랑들? 내가 뭐, 내가 받고 싶었던 사랑들을 나는 원 없이 우리 아이들에게 하면서 우리 아이들을 키웠거든요. 그래서 더 아이들이랑 친구 같고… 그렇게 살았는데 아이들만 의지하고 살았다고 봐도 과언이 아닐 정도로 저는 그랬어요. 정말 아이들만 의지하고 살았어요. 그랬는데 어느 순간에 다 빼앗기고 무너져 버린 거잖아요. 저는 솔직히 아직도 이렇게 와닿지 않아요, 우리 시연이가 이 세상에 없다는 게….

어, 그래서 아침이면 가장 힘든 거 같아요. 그래서 눈을 떠서, 내가 아침에 자꾸 일정을 잡는 이유는 내가 바보가 안 되려고 그래요. 내가 이렇게 멍 잡고 가만히 이렇게 아무것도 못 하고 누워 있는 나를 볼 때마다 내가 너무 힘이 들어요. 그래서 우리 시연이 있을 때 바빴던 내가 되고 싶어요. 아침에 일어나서 아이 밥 차려놓고, 깨워서 한숨이라도, 5분이라도 더 재우려고 밥 먹을 때 뒤에서 고데기로 머리 다 말아주고, 학교까지 매일매일 데려다주고…. 한 번도 버스 태워서 아이들 학교 보낸 적이 없어요. 그게 나의 일상이던 삶인데, 제일 바빴던 하루가 우리 시연이와 같이 학교 가는 길이었고…. 우리 시연이는 동생 없이 엄마랑 같이 단 둘이서 그렇게 다니는 거 자체도 굉장히 좋아했고요. 우리 시연이는 엄마가 학교 오는 걸 너무 좋아했어요. 작은 거 하나라도 학교에 안 가지고 가면 무조건 엄마한테 갖고 오라고 시켰고, 친구들을 우루루 데리고 나와서 "우리 엄마야"라고 얘기하고 그랬던 아이예요.

지금 우리 시연이가 집에서 떠나고 나서는 우리 집은 예전의 집이 아니에요. 내가 퇴근하고 집에 들어가면 두 딸들이 서로 그날 있었던 이야기를 얘기하느라고 "내가 먼저 말했잖아. 내가 먼저 말했잖아" 하면서 신발을 벗음과 동시에 시끌벅적했던, 중학교, 고등학교 되어서도 우리 아이들은 그랬거든요, 어, 지금은 그런 게 전혀 없고. 물론 우리 ○○이는 그 전보다는 말수가 줄었죠. 줄어들기보다는 내가 먼저 말해야 되는, 경쟁자가 없어지다 보니 '뭐, 천천히 말해도 되지' 이런 거지요. 그렇다 보니까는 예전 같이 시끌벅적하거나 나한테 뭐든지 다 얘기하긴 하지만 그런 게 없어졌어요. 그 전보다는 집에 가서 할 일이 없어지고, 말수도 줄어들고, 만나는 사람은 거의 없고요. 만나는 사람이라 봤자 우리 가족들하고 세월호 유가족들, 그리고 회의하는 그런 단체 사람들뿐인 거예요.

그렇다 보니까는 뭐 미래를 생각한다거나 뭐, 이게 다 진상 규명이 되고 나면 어떡하지 생각할 겨를도 없이 그냥 문득문득 내가 아무렇지도 않게 가족들이랑 웃고 떠들고 얘기하다가, 운전을 하고 지나가면서 옆에를 딱 봤는데, 시연이랑 비슷한 아이가 있거나 또래 아이들이 친구들이랑 깔깔대고 지나가거나 하면 그날은 하루 종일 뭐를 봐도 눈물이 나요. 그런데도 아무렇지도 않게 또 어디로 들어가서 회의를 하고 또 나와. 그럼 또 혼자 운전을 하게 되잖아요. 그럼 또 그 상황이 다시 와요. 그니까 사람들은 내가 언제나 밝고 잘 웃고 사람들이랑 잘 지내고 이런 윤경희로 나를 기억하고 있는데, 나는 그렇지 않거든요…. 오로지 내가 혼자 슬퍼하고, 시연이를 생각할 수 있는 시간은 운전하고 있는 그 시간이에요. 집에 가면 아이 눈치 보느라고 제대로 울지도 못하고, 몰두해서 일을 하려고 해도 그게 제대로 되지가 않아요, 집중 자체가. 그래서, 자꾸 질문에 옆으로 새는 말을 자꾸 하는 거 같은데, 우리 시연이는 내 인생의 전부였죠. '모든 부모님들한테 자식은 그렇지 않을까' 생각해요.

면담자   어머니, 건강은 어떠세요?

시연 엄마   지금 병원에 계속 가야 되는데 안 가고 있어요. 의사 선생님한테 혼날 거 같아요, 병원 가면(웃음). (면담자 : 아, 어디 특별히 좀 불편한 데가 있으신가요?) 제가 이제 2014년도, 15년도 3월 말에 청와대 행진할 때 경찰이, 한 여섯, 여자 여섯 명이 저를 들어다 내던졌어요. 그래서 그때 엉치뼈가 이렇게 다쳤는데, 그때는 뭐 정신이 어디 있겠어요? 4월 2일 날 삭발하고 뭐 도보 행진 하고 뭐 6주기, 아니야, 저기 1주기 그때 뭐 경복궁 그거 뭐 한다고 뭐 하고 정신없이 살았어요. 그냥 불편한 정도였죠. 뭐 아프고 뭐고 생각할 겨를도 없이, 왜냐면 노숙하고 막 이랬으니까 그냥 그러려니 했는데, 어느 날 심각하게 아파서 병원에 갔더니 "부어서 잘 안 보이는데 금이 간 거 같다, 엉치뼈에" 이렇게 얘기를 했어요. 근데 그날 딱 하루 병원에 가고, '뭐, 금이 갔으니까 알아서 붙겠지. 엉덩이에 깁스를 할 수도 없고' 그러고 말았다고요. 그랬는데, 이거는 버스, 가족들이랑 어디 갈 때 버스를 탈 수가 없는 거예요. 너무 힘들고 고통스러웠어요. 그러니까 내가 무슨, 막 너무 안절부절[못]하는 거예요. 앉아가지고 몸을 이렇게 했다, 이렇게 했다 막 그러면 정신 사납다고 하잖아요, 사람들이 옆에서.

그래서 이제 2010, 그때가 8년도 초에 그랬을 거예요. 8년도 초에 병원을 다시 갔어요. 갔는데, "MRI를 찍어보자"고 하더라고요. 그래서 MRI 찍었는데, 뼈가 부러졌는데 치료받지 않아서 안으로 이렇게 (면담자: 파고들어 간?) 휘, 휘어버린 거예요. 근데 이제 이게 꼬리뼈다 보니 지금 어떻게 할 수가 없는 거예요. 그렇게 살아, 그냥 죽을 때까지 살아야 되는 거죠. 근데 정 불편하면 뼈를 다 갈아내 버려야 된다고 하더라고요, 튀어나온 뼈를. 근데 그거를 이제 고통 있을 때마다 가갖고 이제 그 뭐라 그러지? 뭐, 뭐, 뭐라 그러더라? 하여튼가 무슨, (면담자: 주사? 통증 치료?) 통증 치료라고 해가지고 그 통증에다가 계속 통증을 주는 거예요(웃음). 통증에다 통증을 줘. 막 그런, 이제 받왔는데, 시간이 안 나는 거예요, 계속. 예약해 놓고 안 가고, 안 가고, 안 가고 하다 보니까 계속 못 갔어요. 그런데 지금 이 버스는 아예 이제 저는 타지 못해요, 거의 30분 이상 가만히 앉아 있지 못하니까. 내가 운전하는 건 또 괜찮아요. 내가 운전할 때는 내 맘대로 막 이렇게 조금씩 움직여 가고, 또 이렇게 나만의 자세가 또 생겼을 거 아니에요, 버릇처럼, 몇 년 이렇게 지났으니까.

그래서 이제 그런 게 좀 있고, 이렇게 어깨 이런 데가 좀 안 좋아요. 이런, 이런 뭐라 그러지? 혈액순환이 잘 안된다고 해야 되나? 그래서 작년에만 해도 깁스를 제가 다섯여섯 번 했어요. 그니까 조금만 이렇게, 그때 국회 토론회 가서 이렇게 했겠어요? 내가 이렇게 안 하잖아. 근데 이렇게 했는데 갑자기 아파요. 그래서 병원에 갔더니 근육이 파열됐대. 그리고 조금 이렇게 어디 가다가 이렇게 살짝 차에 부딪쳤는데, 손가락 근육이 붓고 (팔꿈치를 만지며) 여기가 이렇게 붓는 거예요. 그니까 몸이 이상해졌어요, 몸이. 그렇다 보니까는 뭐 여기 깁스했다가 여기 깁스했다가, 팔 깁스했다가 발 깁스했다가 언니들이 나한테 나중에는 요란스럽다고 (웃으며) 막 이랬는데, 하도 여기저기 깁스를 많이 하니까. 그 정도로 별로 이렇게 다칠 일이 아닌데, (면담자 : 몸이 많이 약해지신 것) 그런 거 같아요. 그런, 그런 게 있어요. 그러다 보니까 이 엉치뼈 병원은 또 이 정형외과랑 틀린 병원이거든요? 그러니까 잘 안 가져요(웃음). 가면 혼날 거예요 아마, 치료 안 받았다고.

면담자　　　가족분들이 그런 것들에 대해서 좀 걱정을 많이 하시겠어요.

시연 엄마　　다른 가족들 얘기는 이 아픔에 대해서는 별로 그렇게 듣질 못했어요. 서로 얘기하는 시간이, 그런 얘기하는 시간은 없어, 없다 보니까. 서로, 다들 그러지 않을까 싶어요. 밖에는 노숙하고 단식하고 이랬던 사람들은 다 몸과 마음이 다 약해져 있지 않을까 생각이 들어요.

면담자   네, 알겠습니다. 지금까지 저희가 이틀에 걸쳐서 이야기를 나눴는데요, 혹시 좀 더 남기고 싶은 말씀이 있으신가요?

시연 엄마   글쎄요. 내가 무슨 말을, 어떻게 했는지 기억이 잘 안 나서, 뭘 빠트렸는지도 기억이 솔직히 잘 안 나요. 너무나 많은 얘기를 했고, 이거 하기 전전날도 나눔문화[시민 단체] 가가지고 3시간 인터뷰를 해서 그거랑도 지금 막 짬뽕이 돼가지고 내가 무슨 말을 했는지 (웃으며) 솔직히 막, 막 이렇게 기억이 잘 안 나요, 그래서.

면담자   잘 말씀하셨어요. 그러면 이것으로요, 구술을 마치도록 할게요. 쉽지 않은 이야기를 많이 해주셔서 너무 감사드리고요. 이 작업이 궁극적으로 진상 규명과 그리고 안전 사회 건설과 책임자 처벌에 정말 사용될 수 있는, 그렇게 기여할 수 있는 작업이었으면 좋겠습니다. 감사드립니다.

시연 엄마   네, 고생 많으셨습니다.

4·16구술증언록 단원고 2학년 3반 제13권

그날을 말하다 시연 엄마 윤경희

ⓒ 4·16기억저장소, 2020

기획 편집 4·16기억저장소 ┆ **지원 협조** (사)4·16세월호참사가족협의회
펴낸이 김종수 ┆ **펴낸곳** 한울엠플러스(주)
초판 1쇄 인쇄 2020년 4월 1일 ┆ **초판 1쇄 발행** 2020년 4월 16일
주소 10881 경기도 파주시 광인사길 153 한울시소빌딩 3층
전화 031-955-0655 ┆ **팩스** 031-955-0656 ┆ **홈페이지** www.hanulmplus.kr
등록번호 제406-2015-000143호

Printed in Korea.
ISBN 978-89-460-6752-3 04300
        978-89-460-6801-8 (세트)

* 책값은 겉표지에 표시되어 있습니다.